中國学術思想 研究輯刊

三 五 編

林 慶 彰 主編

第 13 冊

胡居仁理學思想研究

黃 威 豪 著

花木蘭文化事業有限公司

國家圖書館出版品預行編目資料

胡居仁理學思想研究／黃威豪 著 -- 初版 -- 新北市：花木蘭
文化事業有限公司，2022〔民111〕
目 2+152 面；19×26 公分
（中國學術思想研究輯刊 三五編；第 13 冊）
ISBN 978-986-518-815-3（精裝）
1.CST：（明）胡居仁 2.CST：學術思想 3.CST：宋明理學
030.8   110022429

ISBN-978-986-518-815-3

9 789865 188153

中國學術思想研究輯刊
三五編　第十三冊　　　　　　　ISBN：978-986-518-815-3

胡居仁理學思想研究

作　　者　黃威豪
主　　編　林慶彰
總 編 輯　杜潔祥
副總編輯　楊嘉樂
編輯主任　許郁翎
編　　輯　張雅淋、潘玟靜、劉子瑄　美術編輯　陳逸婷
出　　版　花木蘭文化事業有限公司
發 行 人　高小娟
聯絡地址　235 新北市中和區中安街七二號十三樓
　　　　　電話：02-2923-1455 ／傳真：02-2923-1452
網　　址　http://www.huamulan.tw 信箱 service@huamulans.com
印　　刷　普羅文化出版廣告事業
封面設計　劉開工作室
初　　版　2022 年 3 月
定　　價　三五編 23 冊（精裝）新台幣 62,000 元
版權所有 · 請勿翻印

胡居仁理學思想研究

黃威豪 著

作者簡介

黃威豪，銘傳大學中文所碩士畢業，1996 年生，桃園市人。主要研究領域為宋明思想史，又以儒學傳統中的理學為方向，尤關注朱子學於明初理學上之發展脈絡。深刻切己體察傳統理學中於生活上之相容，故以理學中心性、工夫所蘊含之微言大義為人生依歸。現雖未繼續攻讀博士，仍不輟於對理學思想上之琢磨，以期通達「萬事萬物本出一理」之體悟。

提　要

　　胡居仁（1434～1484）作為明初思想大儒，但他的思想往往被輕忽抑或被誤解，在眾多的哲學史當中，胡居仁往往被其同門陳獻章的思想光芒所遮掩，故而不予載錄，在許多資料文獻中胡居仁也往往以陪襯的方式，與其同門陳獻章出現。即使有所提及，也往往因學者的輕忽而誤解其思想核心，在許多的期刊、講義、文章中對於胡居仁的理氣論，多數學者往往緊抓胡居仁在《明儒學案》中：「有此氣則有此理，理乃氣之所為」的條目，而以偏概全認胡居仁有「氣本思想」抑或是「主氣論者」，更有學者認其有「氣本」思想之先導地位，然《居業錄》當中實並無載錄《明儒學案》此一條目。而觀胡居仁所著《居業錄》一文，也能發現其理氣、心性論恪守程朱思想基底，這也呼應《明史》論胡居仁：「篤踐履，謹繩墨，守儒先之正傳，無敢改錯。」總的來說，胡居仁在理氣論與心性論的基礎上恪守程朱體系，是有其深遠的原因，他身處在佛老之學、心性之學逐漸蓬勃的背景下，且此時程朱之學已漸趨頹勢，他又是以程朱為道統，恪守其思想體系的大儒，故而程朱體系中形上學的嚴謹性，對胡居仁來說有著重大意義，因為其對於此學術氛圍所要做的批判，乃是基於「為學工夫」與「學風思潮」上的問題，故而，胡居仁的理學思想焦點，實是為了拓展自己對抗此時代心學思潮與功利氛圍的「為學工夫論」與「經世致用論」。

　　於是本文第二章中乃梳理胡居仁理氣、心性論上的脈絡，一方面補正時人對胡居仁理氣論上的偏誤，一方面分疏其心性論上對「心體」地位提高的意義，旨在說明其形上思想做為鋪墊其工夫論與經世論之意涵。第三章中處理工夫論的問題，指出其特有的「讀書工夫」，實是為了回應當時的功利思潮，與規勸當世學者不要陷入「高者入空虛，卑者流功利」之弊端。第四章由「政治思想」與「國家體制之制定」兩條脈絡做分論，旨在說明胡居仁有別於此時代學者，只有獨善其身的「內聖」思想，其更有兼濟天下的「外王」特質，且在這當中，更有著對國家體制改革的策論思想，這些策論的本質與工夫的內涵，實奠基於其身為理學家修立教化之精神，故而不論是格物窮理上的工夫思想，抑或是改革體制的經世思想，皆以「德」之本心貫穿而一。

謝　誌

　　窗外的夜幕低垂又沉靜著，為這個夜晚的夢鄉人披掛上安穩的夜衣，恍惚之間卻又無比真實。望著眼前已經完稿的論文，還有那整面跟哲學有關的厚重書牆，在按下儲存的那一瞬間如釋重負一般，終於把這三年來的人生課題踏踏實實的完成了，心裡的激動與雀躍一瞬間又化為釋懷的放鬆，消解了心中的澎拜，取而代之的是更多的感恩與感謝。眼前回憶起初寫論文時的種種，這歷歷在目的幻燈片，才發覺這本論文的產出，是身邊許多人無條件的支持才得以順利完成。

　　從找尋論文題目開始，便時常穿梭在田富美老師的辦公室裡，還記得當初找到題目時帶著雀躍的心情與老師分享的那一刻，而老師也立刻告訴我題目所延伸出的各種方向。那天傍晚，我踏著歡快的腳步從銘傳大學的山上輕快的躍步著，腦中甚至還不斷架構著老師所給予的方向，以及接下來所要研究的各種資料，即使已經到了地下室，發動了這幾年陪著我通勤的摩托車，依然旁若無人般的不斷構思，回過神的瞬間才發現我已經騎在發動的摩托車上！

　　還記得當時碩士的課程中，也有許多的課堂報告要完成，我很感謝銘傳大學碩士班中教導我的老師們，他們都知道我對繁忙的事務總會異常焦慮，每個老師的課堂報告也都試著讓我結合所要撰寫的論文內容，這也讓我在碩一、碩二的修習階段中，依然能不間斷的構思論文的內容架構。還記得林平和老師的報告要同學們閱讀與評判論文，我選擇閱讀鍾彩均教授關於羅整菴理氣觀一文，這也促進了我對明代哲學有了更多的認識，也間接讓我踏入了研究胡居仁思想有其關鍵原因；游秀雲主任雖然以紅樓文學見長，但也因為

主任的課堂報告，讓我去深入研究歷代女官的制度，這也間接讓我聯想到政治制度的相關內容，也促進了我對胡居仁經世思想上的發掘；而陳溫菊老師關於國學理論的教導，也紮實了我以前對古典國學理論上的薄弱，還記得論文中的理氣論章節，就是在溫菊老師的課堂報告上催生出來的；而陳啟仁老師對於邏輯思辯上的能力訓練，也讓我能在如此繁多的研究資料中找出許多連鎖關係與脈絡；特別感謝梁麗玲老師，知道我面對龐大的課堂報告與論文事務會有心理問題上的焦慮，老師給我的期末報告總是以我論文上的研究進度做展示。最後，我要感謝的是指導老師田富美教授，老師即使後來到了台北教育大學任教，依然不停地督促我、教導我，還記得當時我從未接觸過宋明理學相關的內容，也是老師給予了我許多方向，讓我能在這些日子中不斷的累積，也讓我有能力，把宋明理學的論文能研究的有條有理且論述清楚，老師給予的意見往往能促進我更多的思考，記得當時原本的論文架構只是要把胡居仁的理氣、心性、工夫論做研究主體，以供往後學者對明初儒者的參考，但是隨著深度的剖析與跟老師的討論，漸漸意識到胡居仁的思想有更多的核心要點可以發掘，也促成後來在研究中，胡居仁與朱熹思想架構上的比較研究，還有胡居仁以工夫思想、經世思想為主軸的救國救民之論調，這些有關胡居仁思想上特殊的內容，都是老師不厭其煩的遠距討論與教導才促成的成果。

最後，我要感謝身邊的家人朋友們，在我這段不事生產的時刻讓我沒有金錢上的後顧之憂，也要謝謝我的女朋友黃琦，明明不是中文與哲學的本科生，還是認真地聽我對胡居仁思想上的暢談，每每因為有她認真的聽我說，讓我在講述的過程中產生對研究上的新發現，也讓我在這三年孤獨的學術道路上，有一個堅實又深厚的夥伴，讓我在這條學術道路上總是帶著正面的探索心情去完成這個研究。畢業在即，心中充滿無限感恩，最後感謝一路上未提及的家人、朋友與共時性下所遇到的人事物們，謝謝你們讓我在人生道路上更加的圓滿與更多的覺知。

目

次

第一章　緒　論

第一節　研究動機與目的

　　在中國哲學史上，宋明理學無非是一個重大的里程碑，自程朱以降，多數儒者幾乎深受程朱思想之深刻影響，在這過程之中，固有延續著程朱理路而予以繼承、推展的傳道者；但其中也不乏站在程朱對立面的思維去批判、反對的新儒者。本論文所欲研究者，即是在明中葉代表繼承朱子思想的胡居仁（1434～1484）。胡居仁字叔心，江西餘干縣人，早年從學於吳與弼（1391～1469），後受其師影響遂絕意科舉，並築室於梅溪山中，而遊歷於閩浙、金陵、彭蠡等地，並講學於弋陽龜峰、餘干應天寺。其後提學李齡、鍾城相繼請主白鹿書院，諸生又請講學貴溪桐源書院。對於胡居仁的為學經歷與其人生的核心準則，在《明儒學案》中言及：

> 弱冠時，奮志聖賢之學，往游康齋吳先生之門，遂絕意科舉，築室於梅溪山中，事親講學之外，不干人事。久之，欲廣聞見，適閩，歷浙，入金陵，從彭蠡而返。所至訪求問學之士，歸而與鄉人婁一齋、羅一峰、張東白為會於弋陽之龜峰、餘干之應天寺。提學李齡、鍾城相繼請主白鹿書院。諸生又請講學貴溪桐源書院。淮王聞之，請講《易》於其府。王欲梓其詩文，先生辭曰：「尚需稍進。」先生嚴毅清苦，左繩右矩，每日必立課程，詳書得失以自考，雖器物之微，區別精審，沒齒不亂。……家世為農，至先生而竇甚，鶉衣脫粟，蕭然有自得之色，曰：以仁義潤身，以牙籤潤屋，足矣。成化

甲辰三月十二日卒，年五十一。萬歷乙酉從祀孔廟。〔註1〕

而在《明史・列傳》則言：

> 胡居仁，字叔心，餘干人。聞吳與弼講學崇仁，往從之游，絕意仕
> 進。其學以主忠信為先，以求放心為要，操而勿失，莫大乎敬，因
> 以敬名其齋。端莊凝重，對妻子如嚴賓。手置一冊，詳書得失，用
> 自程考。鶉衣簞食，晏如也。築室山中，四方來學者甚眾，皆告之
> 曰：「學以為己，勿求人知。」語治世，則曰：「惟王道能使萬物各
> 得其所。」所著有居業錄，蓋取修辭立誠之義。……居仁性行淳篤，
> 居喪骨立，非杖不能起，三年不入寢門。與人語，終日不及利祿。
> 與羅倫、張元禎友善，數會於弋陽龜峰。嘗言，陳獻章學近禪悟，
> 莊日永詩止豪曠，此風既成，為害不細。又病儒者撰述繁蕪，謂朱
> 子註參同契、陰符經，皆不作可也。督學李齡、鍾成相繼聘主白鹿
> 書院。過饒城，淮王請講易傳，待以賓師之禮。是時吳與弼以學名
> 於世，受知朝廷，然學者或有間言。居仁閣修自守，布衣終其身，
> 人以為薛瑄之後，粹然一出於正，居仁一人而已。卒年五十一。萬
> 曆十三年從祀孔廟，復追諡文敬。〔註2〕

從其所著之《居業錄》的內容言行，再搭配上述兩段文獻來看，《明儒學案》
與《明史》對於胡氏的描寫是非常深刻且真實的。觀其《居業錄》不難發現其
為人嚴威嚴恪且篤敬切實，這與其遵從程朱的為學態度並無二致。雖說胡氏
以二程、朱熹為道統，但基本上還是以程頤的端莊整肅、主一無適的態度為
其人生所行準則。如在《明儒學案》所言「先生嚴毅清苦，左繩右矩，每日必
立課程，詳書得失以自考，雖器物之微，區別精審，沒齒不亂」、《明史》中
「其學以主忠信為先，以求放心為要，操而勿失，莫大乎敬，因以敬名其齋。
端莊凝重，對妻子如嚴賓」，這與胡氏時常強調的整齊嚴肅是相合無二的，茲
言道：「一整齊嚴肅，心便在，是自能整理。才寬慢，則心便悠蕩無歸著，是
自不能整理也」〔註3〕、「端莊整肅，嚴威儼恪，是敬之入頭處。提撕喚醒，

〔註1〕（明）黃宗羲撰：《明儒學案・崇仁學案二》（臺北：世界書局，2009）卷二，
　　　頁7。

〔註2〕（清）張廷玉等撰，楊家駱主編：《明史・列傳一百七・儒林一》（臺北：鼎
　　　文書局，1980）卷二百八十二，頁7232。

〔註3〕（明）胡居仁撰、馮會明點校：《胡居仁文集》（南昌：江西人民出版社，2013）
　　　卷二，頁24。

是敬之接續處，主一無適，湛然純一，是敬之無間斷處。惺惺不昧，精明不亂，敬之效驗處」〔註4〕、「主一主是專主之主，一是一於此而不他適。純一不雜之一，初學難得如此，故程子只教整齊嚴肅，則心便一。戒慎恐懼，是閑邪工夫。才戒慎恐懼，心便一；常戒慎恐懼，則心常一；常整齊嚴肅，則心常一」〔註5〕總而言之，從上述的幾段論證也不難發現，胡氏不僅是一位不可抹滅的大儒（聘請於白鹿洞主持、從祀孔廟等）其為學核心更以程朱一系為其依歸，不論是心體上的收斂或是言行上的整肅，更以這種基礎作為其學說或是其人生準則上予以開展。故筆者在往後的論證與論述也將以這個理路為核心，一步一步的展開胡氏如何從心體思想上對應於言行，以及其所遵循的程朱大道是如何繼承、轉化，與相對於當時心學盛行時期，胡氏與其所不同、或其應對之方等面向，這都是筆者此研究中主要探討的論題所在。

　　明代初期，整體的學術思潮洋溢著「沿襲宋人」、「無敢改錯」等現象。〔註6〕自元代開始，朱熹的《四書集註》已然成為了官方的考試定本並沿襲至

〔註4〕（明）胡居仁撰、馮會明點校：《胡居仁文集》卷二，頁24。
〔註5〕（明）胡居仁撰、馮會明點校：《胡居仁文集》卷二，頁23～24。
〔註6〕如錢賓四先生所言：「此時的學術，大體沿襲宋代。關於學術上之中心問題及最高目標，均未能擺脫宋人，別自創闢。而且明代學術，較之宋代，遠為單純。初期明學之博大開展，以及南渡之後浙東史學之精密細緻，明人都沒有。他們只沿襲著正統宋學的一脈，但又於正統宋學中剔去了周、邵、張三家。實際明代學術，只好說沿襲著朱、陸異同的一問題。他們對於此問題的貢獻，可說已經超過了朱、陸，但亦僅此而止。明學較之宋學，似乎更精微，但也更單純。」此外，對於背景脈絡，呂妙芬與容肇祖也點名了政治背景下的原因。近代學者中，高煜程也引其二人說法並予以展開，其《試探明代理學前期「朱學陸學化」的發展與原因——從曹月川到陳獻章》即點名明代以來學術界的此一問題。如在《元史·選舉志》中的制度中就提到：「考試程式：蒙古、色目人，第一場經問五條，《大學》、《論語》、《孟子》、《中庸》內設問，用朱氏《章句集註》。……第一場明經經疑二問，《大學》、《論語》、《孟子》、《中庸》內出題，並用朱氏《章句集註》，復以己意結之，限三百字以上；經義一道，各治一經，詩以朱氏為主，《尚書》以蔡氏為主，《周易》以程氏、朱氏為主。《明史·選舉志》中也說到：「科目者，沿唐、宋之舊，而稍變其試士之法，專取四子書及《易》、《書》、《詩》、《春秋》、《禮記》五經命題試士。蓋太祖與劉基所定。其文略仿宋經義，然代古人語氣為之，體用排偶，謂之八股，通謂之制義。參見錢穆：《錢賓四先生全集》（臺北：聯經出版社，1995），卷九，頁245。高煜程：〈試探明代理學前期「朱學陸學化」的發展與原因——從曹月川到陳獻章〉，《第八屆政大哲學系研究生論文集》（2005年6月）。（明）宋濂等撰、楊家駱主編：《元史·選舉一》（臺北：鼎文書局，1981）卷八十一，頁2019。（清）張廷玉等撰、楊家駱主編：《明史·選舉二》（臺北：

明朝，在這種政治、社會、法律規範的時代趨勢強力推動下，學術的思想也無可避免延續著朱熹思想的理路。縱使稍後有王陽明（1472～1529）心學的新思潮影響有明一代，然不可否認的是，就連王陽明的思想進程理路中，也是從朱熹的哲學理路進入，從中輾轉反思、突破，進而開創出心學體系，但實際上亦是深受朱熹的影響。〔註7〕其後的思想家往往也以朱學體系為其基點，進而體驗、反思或者批判、衍化、創造。

對於動機其一之背景，因為重要程度顯著，故筆者在此先概論其內容：這個時期之中，諸如其他胡居仁之前與當時之大儒——薛瑄、吳與弼等人，都富含當代獨有的思想：其一，他們都認為先賢之說已具大備，後世學者只需沿著宋代先賢的理論去履踐實行即可。其二，因為先賢之論已備，故當代之人不應將焦點置於著書或輕易著述無用之言。其三，因當代大多數之儒者，秉持不輕著述的觀念，他們的思想傾向開始偏重在「省思」與「履踐」兩大脈絡上，故而此時的學術思想始有「朱學心學化」〔註8〕的現象產生。如吳與弼有所謂：

〔註7〕鼎文書局，1980）卷七十，頁1693。

〔註7〕在《明儒學案・師說》也提及：「先生承絕學於詞章訓詁之後，一反求諸心……特其與朱子之說不無牴牾，而所極力表章者乃在陸象山……即象山本心之說，疑其為良知之所自來，而求本心於良知，指點更為親切。合致知於格物，工夫確有循持，較之象山混人道一心，即本心而求悟者，不猶有毫釐之辨乎？……至其與朱子牴牾處，總在《大學》一書。朱子之解《大學》也，先格致，而後授之以誠意。先生之解《大學》也，即格致為誠意。其於工夫似有分合之不同，然詳二先生所最吃緊處，皆不越慎獨一關，則所謂因明至誠，以進於聖人之道，一也。」而在《明儒學案・姚江學案》：「先生之學，始泛濫於詞章，繼而遍讀考亭之書，循序格物，顧物理吾心終判為二，無所得入。……其學凡三變而始得其門。自此以後，盡去枝葉，一意本原，以默坐澄心為學的。有未發之中，始能有發而中節之和……江右以後，專提「致良知」三字，默不假坐，心不待澄，不習不慮，出之自有天則。」從上述《明儒學案》所載，觀王陽明之思想進程理路也不難發現，縱使陽明之學經歷了三變之改，其思想本源始終繞著朱子之學在做演進、改變。縱然王氏一直致力於突破朱熹的思想脈絡，不可否認的是，其思想本質還是在朱子之學的理論進行批判式的繼承。從他「讀遍考亭之書，循序格物」開始，陽明的思想本質就已經受到了朱熹深化的影響，即使其後之「心即理之說」、「不假於外」、「未發已發之中節說」、「天理良知」、「動靜體用所感」也都是內化了朱熹之學後，再以朱子對立面的批評或是改易方面出發。參見（明）黃宗羲著、楊家駱主編：《明儒學案・師說》，頁3～4。《明儒學案・姚江學案》卷十，頁75。

〔註8〕高煜程以「朱學陸學化」一詞表明朱學體系經由時代趨勢的變遷，漸漸受陸九淵的心性論影響，而使原本以「理本論」的朱學一系偏向了以「心」為主的體驗模式，並以此明澄體驗的神秘經驗，為其工夫論的指導方向。但筆者

「嘗歎箋註之繁，無益有害，故不輕著述」〔註9〕之語、薛瑄（1389～1464）
也有所謂：「自考亭以還，斯道已大明，無煩著作，直躬行耳。」〔註10〕對此，
從吳與弼的「不輕著述」與薛瑄的「考亭以還，斯道大明」其實也可以更加證
明這時候朱學心學化是一必然趨勢，筆者這裡選用吳與弼與薛瑄，來略述探
討兩個不同面向的發展，但這兩個不同面向的發展，最後其實都還是匯歸於
所謂「朱學心學化」的趨勢與結果。首先，以朱學本體而言，我們可以了解
到，對明代前期的儒者而言，程朱之學已是一個成熟大備的學說，所以只需
從這成熟完備的學說躬行實踐即可，方可成就通往聖人大道的路徑，所以明
代前期儒者們多注重在工夫論上，這是可以理解的；其二，從吳與弼的觀點
來看，這似乎合於陸九淵的看法，陸九淵對於著書經義就有感而言：「六經皆
我注腳」〔註11〕、「六經注我，我注六經」〔註12〕並以先聖之言論到：「聖人
之言自明白，且如『弟子入則孝，出則弟』，是分明說與你入便孝、出便弟，
何須得傳注？」〔註13〕所以吳與弼的「嘗歎箋註之繁，無益有害」之感亦是
受到心學之潛移默化的影響，綜此而言，可以得知這時期明代的儒者，對於
成聖之道的兩個思考面向模式，實同歸為一。一則類於薛瑄之意，「考亭以還，

將其「朱學陸學化」一詞改易為「朱學心學化」，認為較為妥洽，因為陸學雖
以「心」的體驗為其主要形式，但在陸九淵的理路中還是以「理」為探討核
心。「心」雖然在陸九淵的思想中作為一種主體（如陸九淵曾言「心即理」將
「心」作為其本體論的核心），但是這僅僅只是表明一種體驗手段，並不是完
全的將「心」提高到了更高一序的層次（如王陽明的「心外無理」，筆者認為
這才是真正以「心」作為本體論核心所展開的理論）。故筆者認為應當以「朱
學心學化」一詞才能表明整個明代思想脈絡的偏轉，因為大多數程朱一系的
明初儒者並不大講本體論，基本上都以其獨有的「心論」或是工夫表現為其
特色，少數只有如胡居仁以承繼式的論述提及「理」、「氣」等問題，但整個
學術思潮基本上已經有所偏轉，將這種以「理本論」的主體內容，偏轉為以
「心」為本的主體內容。也就是說，如果說陸九淵的「心」只是表明一種「形
式」上的偏轉，那明代開始以後的「心」則是一種「內容」上的偏轉。「形式」
與「內容」應當有著層次上的不同。故筆者認為以「朱學心學化」一詞應當
較能闡明此一思潮上的轉變。

〔註 9 〕（明）黃宗羲撰：《明儒學案・崇仁學案一》，卷一，頁1。
〔註10〕（清）張廷玉等撰，楊家駱主編：《明史・列傳一百七・儒林一》卷二百八十
　　　　二，頁7229。
〔註11〕（宋）陸九淵撰：《陸象山全集・語錄上》（臺北：世界書局，2010）卷三十
　　　　四，頁252。
〔註12〕（宋）陸九淵撰：《陸象山全集・語錄上》卷三十四，頁254。
〔註13〕（宋）陸九淵撰：《陸象山全集・語錄下》卷三十五，頁286。

斯道大明」故只須著力在方法論、工夫論上成就自我;二則類於吳與弼之「箋注之繁,無益有害」,認為不應在聖賢之後額外著書,以防破壞後世學者之學習路徑。結合這兩種思考,我們也可以推論出「朱學心學化」實乃一必然的趨勢與結果,當學術氛圍已不再對原本的體系進行批判,或有系統地做擴大深化、深入時,再加上陸學思想中的「誠者自誠也,而道自道也。君子以自昭其明德。人之有四端,而自謂不能者,自賊者也。暴謂自暴,棄謂自棄,侮謂自侮,反謂自反,得謂自得。福禍無不自己求之者,聖賢只道一個自字煞好。」〔註14〕這種依靠自我意志、思想就能體大自我、成就自我的思考模式,更經由其一的朱學固化,反倒將陸學這種體大自我的思想融會到了其後的朱學儒者們。

此外,胡居仁也論及此一思潮,如:「四書六經,皆是吾身上有底道理,但聖賢先我而覺耳。我未覺,所以要讀。若不反躬,則皆成糟粕。」〔註15〕、「人著書才有一毫為名,便是悖逆天理。古人著書,皆不得已。如耒耜陶冶,生民所賴;菽粟布帛,生民所急。若無益於世,著之何用?況詭誕浮華,害於世者乎?」〔註16〕從胡氏的言論也可以了解到,對他而言,聖賢之語就如同世間真理、就如同人生而所應遵循之天理,只是聖賢先覺悟此真理。故身為後世學者因為尚未覺悟,而應以聖賢所覺之四書六經不斷反覆躬讀,進而通達聖賢所要闡揚的天道真理。基於這個論點,胡氏也認為當世之人著書只為求一毫之名,是悖反天理而為;況且聖賢著書乃不得以而為之,而現在古之聖賢已有所覺悟之理,進而著之成書。人們只需要熟讀,並且躬行聖賢所揚之理便可,不應多著無益於世,甚至是有害於世道之浮華之論著。故而胡氏最具特色的工夫論也從此而出,也因其對社會浮華現象的批判,進而展開其蘊含儒家成德精神的經世思想。

本研究的對象胡居仁,就是此一思潮中的明代大儒。主要目的即在於梳理出這樣一個遵循古禮、古言、古法之儒者,其內容所蘊含之哲學價值所在為何?從他被聘任主持白鹿洞講學、與其被比擬於「人以為薛瑄之後,粹然一出於正,居仁一人而已。」〔註17〕在明代朱學一系中,胡氏作為明代朱學

〔註14〕（宋）陸九淵撰:《陸象山全集·語錄上》卷三十四,頁275。

〔註15〕（明）胡居仁撰、馮會明點校:《胡居仁文集》卷二,頁26。

〔註16〕（明）胡居仁撰、馮會明點校:《胡居仁文集》卷五,頁70。

〔註17〕《明史·儒林一》:「督學李齡、鍾成相繼聘主白鹿書院。過饒城,淮王請講易傳,待以賓師之禮。是時吳與弼以學名於世,受知朝廷,然學者或有閒言。居仁闇修自守,布衣終其身,人以為薛瑄之後,粹然一出於正,居仁一人而

之後勁，應有相當重要的地位。甚至可以說，當朱學體系在時代趨勢下已經質變為新形態的「理學」，作為朱學體系的承繼者，他甚至標誌著在明代中朱學以「理」為本之思想體系的最後星火。故筆者此研究之目的也在於梳理出胡氏其人的哲學思想內容，其作為朱學一系的承繼者，進入此一心學體系逐漸發光的時代時，他所承繼的程朱思想，又會與當代思潮激盪出怎樣的變化。當代多數提及胡居仁的研究中，縱使有少數單篇論文、期刊論文論及其《居業錄》、《胡敬齋文集》之哲學價值，但後世論者不多，即便有所論者，也僅因其同門陳獻章（1428～1500）為心學的萌芽開創者，故論及胡氏才使其有所提及。此外，臺灣目前亦無以胡居仁做為學位論文的研究對象，故將其做為一篇具有深度的學位論文之目的，此為筆者動機之一。

　　動機之二，胡居仁之承繼開展論之背景重點：胡氏早年曾拜於吳與弼門下，受吳與弼影響，遂絕意科舉。在放棄科舉的道路之後，胡氏更深化了聖人之學並予以闡揚與體認，以程朱一脈為正統，進一步的發揚程朱思想，並將其哲學思想、經世思想輯錄於其唯一著作《居業錄》之中。在學術史上胡氏是一位遵循朱子理路的明初大儒，在《明史·儒林一》就提及：「胡居仁篤踐履，謹繩墨，守儒先之正傳，無敢改錯。」〔註18〕而其著作《居業錄》中，也常以古聖先賢之語多加引述。如其論及「敬」字言：

> 古今聖賢說敬字，曰「欽」、曰「寅」、曰「恭」、曰「畏」、曰「翼」、曰「戒懼」、曰「戰兢」、曰「齋莊」，字雖不同，其實一也。《洪範》「貌曰恭」，是外面之敬也。至曰「恭作肅」，則心亦敬也，內外一致也。「臨深淵，履薄冰」，形容戒懼之意最切。孔子言「出門如見大賓，使民如承大祭」，又畫出一箇敬底樣子出來與人做。程子言「整齊嚴肅，是入敬處」。朱子曰「畏字是敬之正意」。程子「主一無適」，是就存主處說。謝氏「惺惺法」，是就敬之精明處說。尹氏「收斂身心，不容毫髮事」，又以人到神祠致敬為喻。即是孔子見大賓，承大祭之意，形容得最親切。朱子《敬齋箴》說得全備，毫釐有差，便流於禪定。故朱子有「三綱淪，九法斁」之戒。〔註19〕

　　　　已。卒年五十一。萬曆十三年從祀孔廟，復追諡文敬。」參見（清）張廷玉等撰，楊家駱主編：《明史·列傳一百七·儒林一》卷二百八十二，頁7232。
〔註18〕　（清）張廷玉等撰，楊家駱主編：《明史·列傳一百七·儒林一》卷二百八十二，頁7222。
〔註19〕　（明）胡居仁撰、馮會明點校：《胡居仁文集》卷二，頁22～23。

從文中可發現，單論一「敬」字，胡居仁慣以通古今之論而言之，如其提及《洪範》中的「貌曰恭」、「恭作肅」就訓為外在之敬與內外相合之敬；再論到此「敬」之義如孔子「出門如見大賓，使民如承大祭」，表孔子之語為「敬」之一架構說；論及程子則引「整齊嚴肅，是入敬處」表端莊容貌是「敬」之入頭處，引「主一無適」為「敬」之存主之義；論及朱子則引「畏字是敬之正意」認朱子之「畏」字為「敬」之戒慎恐懼之正意；論及謝良佐則引其「惺惺法」是敬一字之精明之說。由此可見，胡氏對於承繼先賢的基礎深厚，每論及一命題時都是先有所本，才發見其所指，其在探討問題時，往往以既往的聖賢之語為其立論基礎，並以此為根本發向不同論點。故而，在其《居業錄》中，處處皆可見其俯拾古聖先賢、程朱大儒們之言，作為自己人生立論的原則，此原則也為其思想核心本體。如《居業錄》中亦反覆見其推崇程朱之語：

> 自孔孟以後，道莫大於程朱。故其所著作經傳，實能發明聖學，切於學者。今有一等溺於空虛者，好簡捷而厭其煩，務記誦者反惡其多，務訓詁者不過藉以為口說，惟實窮理力行者，能識其精切詳明也。〔註20〕

> 自孟子後千四百年，無人見得此道分明。董子見其大意，孔明天資有暗合處，韓退之揣見彷彿，至程朱方見得盡。自朱子後，無人理會得透徹，真西山庶幾。〔註21〕

> 今人有小可才能，也幹些事，聖賢道理充足，如何不做出事來？達而在上，如堯、舜、文、武；窮而在下，如孔子。得時行道，如伊、傅、周、召；不得時，如顏、孟、程、朱，其德業事功，侔乎天地。〔註22〕

從上述引文也可得知，在胡居仁的心中，確實孔孟大道為其學道根本。然而千百年間，胡氏認為無一儒者能見道分明，孔孟之後「道莫大於程朱」，自孟子後為程朱「方見得盡」，而自朱子後「無人理會得透徹」，甚發微出「程朱其德業事功侔乎天地」之感嘆。從這些論證也說明，胡氏的思想並不是單一且固化於當時代的論點，其在論述一個論題時，往往結合著程朱（其中也不乏周敦頤、張載等其他重要大儒之論）甚至是追溯於聖人之學的源頭──孔孟，

〔註20〕（明）胡居仁撰、馮會明點校：《胡居仁文集》卷三，頁39。
〔註21〕（明）胡居仁撰、馮會明點校：《胡居仁文集》卷三，頁40。
〔註22〕（明）胡居仁撰、馮會明點校：《胡居仁文集》卷三，頁49。

而予以開展。而這種效古精神不僅在其宇宙論、本體論中有所發見，胡氏更以「聖賢大道為體，效以禮法為用」的核心標準，展開其獨有的工夫論及經世思想。故而，完整的梳理出胡氏思想之緣起核心，即是筆者所研究的動機。因當代學者，在研究與探討胡氏之思想時，大多都只把重心放在胡氏「哲學思想」，且往往論文的論題當中淺化了胡氏承繼朱學的深度，在論述的過程中，談及其哲學思想時，幾乎只是就其所云者而述之，並沒有將胡氏最重要的承繼之論題予以追本溯源。胡氏的《居業錄》中對於各議題的開展，往往是以程朱本有所述之命題進行深化、推衍。因此，如不追溯回這些論題或命題的本源關係，將無法深入掌握在承繼、轉化程朱思想的情形，亦忽略或輕視了胡氏在明代作為朱學一系中之標誌性。且胡氏思想中之核心，本不在形上哲學的部分，但當代對胡氏的研究，往往拘泥於其形上思想中，對程朱形上思想體系中架構之沿用與承繼，這亦是片面且不完整的，不僅無法透析出胡氏特有的工夫論題；亦不得其思想中獨有的，以德為本所推展的經世論題。哲學的衍化往往是不同派別的對立、激盪並消融統一而後產生，在這過程中雙方（多方）互相的吸收、歸納、批評，進而演繹與圓滿自身派別的體系。明代初期程朱之學雖已漸趨消頹，心學則在此時漸趨茁壯，但即使如此，漸進興起的心學思潮也必須要有相對應的派系與之一起演進，才能使其體系上的圓滿，心學大成者的王陽明也必須通過朱熹思想的「格物」之法，才使其自身心學思想有所領悟。所以，多數學者在探討明代哲學脈絡時，往往只觀測到哲學對立統一之演進過程中的單一面向，但不應認為較弱勢之對立面就無有深度可以探討，如胡氏的「理氣論」、「心性論」雖然其基底承接程朱之架構，但在明代的心學發展背景之下，胡氏亦受其影響甚深，（這也體現在其「心體」地位的提高）進而對朱學的承繼中，開展了不同思考的面向。茲此，為筆者動機之二。

　　最後，在大多數論及胡居仁的論文中，往往輕忽了胡氏對於現世實用性、經世思想上也有著龐大的內容。在筆者目前所觀之研究論文中，目前僅有楊自平其〈胡居仁內聖外王之學〉，〔註23〕有論及胡氏經世的思想，並加以深化發揮，而多數的研究論文當中縱使提及此部分的內容，也以概念、略述的方式表達而已。在心學思潮興盛背景下，胡氏不僅具理學發展史上承繼與衍化

〔註23〕楊自平：〈胡居仁內聖外王之學〉，《明代學術論集》（臺北：萬卷樓圖書），頁45～71。

之價值，其對於明初逐漸「朱學心學化」的氛圍之下，這種開始重視「心體」的思潮湧現，胡氏為了對抗浮華空談的社會氛圍，不僅在其工夫論當中，展現其與當代大部分儒者不同的視角，甚至在這講求體證自覺的時代氛圍中，歸納出自己的經世思想。茲此，深化探討胡氏經世致用思想之內容，即為筆者動機之三。

綜上所述，本研究目的即在於，探究與梳理出，其思想以遵循上古先賢大道的明初大儒者——胡居仁，在這種時代氛圍與思潮之下，其個人的思想成就又是如何？一個遵循古法、遵循聖言大道、不輕著述的大儒者，在他唯一著作——《居業錄》中，又是如何解釋、體證他自己的經驗思想、哲學思路、經世致用之學。

第二節　文獻探討與反思

前人關於胡居仁的研究，在多數中國思想史的書籍中受到的關注鮮少，即使有所論及，大部分也都以陪襯的方式，出現在明初理學的章節之中。對此，筆者將分作三個概念作分述：「明初思想之演進與總論」、「胡居仁之哲學思想與其定位」、「胡居仁之經世致用性思想」。主要將學者們對胡居仁哲學採取不同觀點及研究路徑的趨向，作一基礎性的分類，並包含其餘學者的相關討論；同時在此安排中，也可發現胡氏哲學研究中，前人所著重、看重的部分與研究成果為何。

首先，明代思想之流變與承繼：以鍾彩鈞、古清美、祝平次、陳來、容肇祖、蒙培元、侯外盧等幾位學者的研究分述為主，這幾位學者對於明初的理學發展與演進，有著成果豐碩的研究價值。對此能有助於梳理出，胡居仁在明初學術史上的地位如何。如鍾彩鈞《明代程朱理學的演變》〔註24〕一書中，對於明代思想學術的繼承流變講述分明，更在其著作中把胡居仁獨立成篇論述，其內容也是少數提及胡氏的著作中，將胡氏經歷事蹟與生平脈絡講述明白者。古清美《明代理學論文集》〔註25〕雖主論著重在王陽明、羅念庵、劉蕺山等部分，但開頭篇章所論之〈明代前半期理學的變化與發展〉，對於明代

〔註24〕鍾彩鈞：《明代程朱理學的演變》（臺北：中研院文哲所，2018 年 12 月），頁 123～172。
〔註25〕古清美：《明代理學論文集》（臺北：大安出版社，1990 年），頁 1～30。

初期的思想脈絡提供了清晰的思路，且其中論胡敬齋部分雖篇幅有限，但也是以往著作少見論到者。祝平次《朱子學與明初理學的發展》〔註26〕在前半部對於朱子理學深義以其圖說形式，將朱子理氣問題點出，並提出自己獨特的看法，且在後半部明初理學部分，也概述了明初五位主要思想家曹端、薛瑄、吳與弼、胡居仁、陳獻章之思想內容核心點明，亦是少數著作中提及胡居仁者。容肇祖《明代思想史》〔註27〕中將明初朱學分別了三個重點（明初朱學的博學或致知派、朱學中的涵養與躬行派、初期朱學之秀），在以往的文獻中也是少數對此一階段做出分類者，其在「初期朱學之秀」中更把胡氏獨立於此一分類，也在此見識到了胡氏的重要性。而蒙培元《理學的演變》〔註28〕與侯外盧《宋明理學史》〔註29〕雖未在它們的著作中對胡氏做出評述，但《理學的演變》所著眼的分類論點，以朱子思想為基底，並以此作為理學開展的論述透析分明，提供筆者在文獻歸納的方法上的重要參酌；《宋明理學史》則把這兩時代中大多數的思想家收歸於此，並深刻解析它們各自思想之重點核心，其中更獨立出一篇章〈元代的朱陸合流與陸學〉是少數以元代為切入角度，關注朱學、陸學兩條理路相收相攝的論題。這也能清楚的了解到兩時代的思想流變與開展之人物脈絡為何。而陳來有二書：《宋明理學》〔註30〕《朱熹哲學研究》。〔註31〕在《宋明理學》當中將宋、明這兩個主要時代的思想家逐一羅列，其收錄胡氏之思想，並解出胡氏為學重點與思想內涵。而《朱熹哲學研究》一書中其對於朱子「理氣先後」問題的探討，可以說是論述最鉅細靡遺者，其中朱子「性」、「心」、「心統性情」等心性論命題，與朱子的「格致工夫」、「知行問題」、「積累力行」等工夫論命題，在分類依據與核心探討之內容上，點出許多學者不曾發想與探討過的論點，並以其清晰的思路解出命題重點。對筆者所研究胡氏之「心論」與「工夫思想」幫助甚大，幾乎可以說研究任何朱子之後的思想家，在命題內容上的探討，基本上都必先以朱子之思想為其基底，才能作為其研究方向的展開，所以筆者在此文獻探討內容

〔註26〕祝平次：《朱子學與明初理學的發展》（臺北：學生書局，1994 年），頁 1～114、頁 140～160。

〔註27〕容肇祖：《明代思想史》（鄭州：河南人民出版社，2016 年 4 月），頁 7～33。

〔註28〕蒙培元：《理學的演變》（臺北：文津出版社，1990），頁 1～112、261～331。

〔註29〕侯外盧主編：《宋明理學史上》（北京：人民出版社，1997），頁 46～180、368～425、749～767。侯外盧主編：《宋明理學史下》，頁 7～148、728～822。

〔註30〕陳來：《宋明理學》（臺北：洪業文化，1994），頁 21～238。

〔註31〕陳來：《朱熹哲學研究》（臺北：文津出版社，1990），頁 1～312。

上，此一重點雖在「明代思想之流變與承繼」，但其所謂「承繼」者，筆者以為所被承者，應當以宋代的程朱理學為其基底；而所謂「流變」者，則當是明代開始有所承之後的思想家們。故此一部分文獻探討的重點基本上分述為二：其一，微觀上以程朱思想為其基礎，並以此為基底發散；其二，宏觀上則以明代思想的整體脈絡為其方向，並以此背景之思想洪流的變化方向，為其文獻蒐集上的核心。

其次，「胡居仁之哲學思想與其定位」上：以呂妙芬、馮會明、高明、黃麗婭、郝哲琳等學者，專門討論胡氏之思想研究為主，如呂妙芬《胡居仁與陳獻章》。〔註32〕就將胡居仁的定位與其主要的思想內容做了多方面的論述，也是早期將胡居仁做為主要研究對象的學者；而馮會明也將胡氏《居業錄》，及關於胡居仁之《胡敬齋先生文集》考訂、整理、點校並出版了《胡居仁文集》〔註33〕一書貢獻成果甚鉅，其《胡居仁與餘干之研究》〔註34〕也以概論的方式，總述了胡氏的哲學思想與其經世致用思想，在眾多研究當中是涵蓋範圍廣度最為遼闊者。而其他學者之研究，則以胡居仁在哲學思想上之體現為其主要成果。如高明《胡居仁與明初理學》就將胡居仁的「理、氣、心、性、涵養主敬、格物致知」等哲學思想做了一整理；而黃麗婭《胡居仁居敬工夫論》，則將胡居仁學術思想中最受重視的「敬」之內容做了一爬梳整理；郝哲琳《胡居仁的心性工夫論及其對儒家正統的捍衛》，則將胡氏的心性論部分做了深刻的剖析。對此，此一部分「胡居仁之哲學思想與其定位」與下部分「經世實用性思想」也是筆者此研究中的主要論述，及其研究骨幹的核心內容。

最後，「經世實用性思想」：以楊自平、馮會明等研究為主。楊自平學者在明代論文集中，其探討的〈胡居仁內聖外王之析論〉中關於胡氏經世致用性的思想，可以說是當代學者中，少數注意到胡氏其哲學思想外，對於政治、社會等經世層面上有獨到主張與見解之人。而馮會明因其研究胡氏的範圍之廣闊，故在此部分之論述也將援引其研究成果，做一參考。其他相關研究，則針對當代關於胡居仁研究之著作及部份學位論文、期刊做綜述，對此則可明見，胡氏在明初被定位為一當代純儒之意涵，及其思想中特色。然前人涉

〔註32〕呂妙芬：《胡居仁與陳獻章》（臺北：文津出版社，1996），頁31～78、頁114～170。
〔註33〕（明）胡居仁著，馮會明點校：《胡居仁文集》（南昌：江西人民出版社，2013）。
〔註34〕馮會明：《胡居仁與餘干之研究》（成都：電子科技大學出版社，2014），頁1～174。

及的胡居仁，大部分限於單一篇章，使用的文本與討論的範圍、深度有限，或是囿於學術上對「形上學」的聚焦，故而缺少中國哲學家理應著重之生活上的落實（如胡氏之工夫論題）、與身為哲學家對社會關懷的抱負與情操（如胡氏之經世命題），故而筆者之研究，以統攝前人研究的成果為基點，並加以補缺與深化胡氏思想上更加廣袤的思想價值內容。

第三節　研究範圍與方法

一、研究範圍

　　本文研究範圍以胡居仁之《居業錄》、《胡敬齋文集》為主要材料，在版本選用上，以清康熙年間張伯行主持編輯之《正誼堂全書》〈胡敬齋先生全集〉，與近代學者馮會明先生所校對之《胡居仁文集》，為資料上之主要依據。其餘版本因皆本《正誼堂全書》之內容，而資料校對上之清晰度，又以馮會明先生所編版本較為清楚明瞭，故而資料選用上以此二者為核心。其次，就胡居仁之思想體例與關係溯源，則輔以朱子之《朱子語類》、《朱子文集》，程顥、程頤之《語錄》為承上脈絡之考察，除了注意胡氏思想中針對不同情況、環境、對象做有層次的分殊表示之外（如其哲學思想中理氣、心性、工夫論及居仁經世致用思想之分述），也重視其作為程朱之學後勁，其自身的思想體系、架構之中所融會朱子、程頤之思想為何，也藉此了解雖然胡氏為明代之朱學大儒，但為何只有他被譽為程朱一脈在明代的真傳，並在這之中如實地呈現其哲學的真正意涵與全面圖像。

　　而所參酌近現代學者的部分，則包括張岱年、牟宗三、勞思光、陳來、鍾彩鈞、呂妙芬、楊自平等海內外學者，參考諸位學者對於宋明理學之見解，及其中對於胡氏之研究等，在文中進行適時的佐證、比對以求精益求精的可能。由於本文以胡氏之「思想」為探討焦點，並重視區分出其理氣論、心性論、工夫論（尤以其工夫論中之主「敬」最為重要）及較少學者探討之「經世致用思想」為論述重點。茲此，筆者將其分作「哲學思想」與「經世致用思想」為兩大主體，故而胡居仁論理氣、心性、涵養省察、格物致知、居敬窮理、主敬持身等哲學思想及論國家問題、社會現象、個人致世等將在此研究中多有所提及。

二、研究方法

至於研究執行的步驟上，首先對史料文獻作一梳理，主要閱讀及整理《居業錄》、《胡敬齋文集》等胡居仁所作之文獻，輔以《朱子語類》、《朱子文集》、《明史》、《明儒學案》、《二程集》等史料性資料；其次針對近代學者的研究成果進行討論與反思，指出其中與胡氏之思想，可相合或相類為對比之處，做出合理的研判。透過史料文獻與近人研究兩個方面的處理，以期如實地理解胡氏思想上之原義，詳細精確地分析其思想內涵，整全地歸納其哲學系統，並清楚地指明，作為有明一代朱學真傳的胡居仁，其思想概念上可得而知之，足以代表朱學後勁的道理。

在資料統整的方法上則運用歸納方法，以及「外在研究法」〔註35〕與「內在研究法」〔註36〕作理論上的整理與對比，其中輔以「系統研究法」〔註37〕以此歸納與統整第二到第四章之論證內容，茲以表述第一章緒論之大意，與總結第五章結論之內容。

本論文各章節安排如下：

本文第一章為緒論，包含研究動機、研究目的、研究範圍與方法。研究動機與目的方面著重於胡居仁其人，梳理出其時代背景與學術態樣之景況，再輔以《明史》、《明儒學案》之史料描繪出胡氏其人之特點，其中再加以胡氏之著作《居業錄》之一手資料做為核心資料，以佐證筆者研究之動機與目的，並勾勒出作為研究對象——胡居仁，其人在明代心學萌芽思潮之背景下，做為朱學傳道者之學術承繼方面，與為了抗擊新思潮的衝擊所轉化出之學術特色。其次，文獻探討與反思之部分，以「明初思想之演進與總論」、「胡居仁之哲學思想與其定位」、「胡居仁之經世致用性思想」三個面向做為討論架構。針對胡氏所處之學術背景之態樣為脈絡，以深黯宋明理學整體思想架構之學者為起點，如鍾彩鈞、古清美、容肇祖、蒙培元、侯外廬、張學智等，其專書皆以宋明理學之宏觀性角度切入；並以陳來、祝平次等其專書核心主要探討朱子學之內容，以此作為在宋明理學思想的宏觀角度下，胡氏本身作為朱學學術背景之微觀角度的聚焦。

〔註35〕黃俊傑：《歷史知識與歷史思考‧第十二講：思想史的新視野》（臺北：台大出版中心，2003），頁139～152。
〔註36〕黃俊傑：《歷史知識與歷史思考‧第十二講：思想史的新視野》，頁139～152。
〔註37〕王開府：〈思想研究法綜論——以中國哲學為例〉，《國文學報》，1998年6月，第27期，頁28。

　　第二章則為胡居仁思想基底之核心，確立本體論上思想之承繼、轉化、獨特之三層次的觀點。其次，旨在探討胡氏思想中「承繼」、「過渡」之路線，其對於程朱宇宙觀的承繼，與心性觀上開始有別於程朱，提高了「心體」之重點為何。又以第二章之第三節，作為朱子與胡氏在宇宙論與本體論上，之問題與異同作為收攝，梳理出二者之間即便思想本體之架構有所同趣，但在不同時代背景與思潮下，依然展現出異調之音。

　　第三章則正式進入胡居仁思想中，對於方法論的轉化與特色內容，以著重現實但不失儒家成德精神的「讀書之功」與「隨人殊性」的讀書方法，有別於朱子時的格盡萬物、泛觀博覽；也有別於當代思潮中因明覺體證，所衍伸之浮華、空誕的士習之風；又殊別日盛之科舉風氣，所導致之功利學風。第三章的內容旨在梳理出胡氏的工夫論，一則有別於以往的思想家，其更能以體驗現實的方法作為角度切入；二則也將看到胡氏以個人工夫論題，由下而上的，針砭出對於當代學風的浮靡與功利之弊；三則也將從胡氏的工夫論，看到其所沛然俱足的經世思想。

　　第四章旨在歸納與整理出，胡氏有別於此時代大部分空言形上的學者，其所特有之「經世致用」，是如何體現在整體社會的各個角度與層面。這裡也以兩個節次作為討論：一則以儒家的成德精神為本，所體現出的政治思想，其中輔以張灝〈宋明以來儒家經世思想試釋〉中所提到的前兩層經世意涵作為架構；二則以胡氏現實社會的角度切入，以「社會制度」改易的方向作為核心重點，從國家角度出發的「法制」論題、「封建」論題、「舉才」論題，一直到關乎平民百姓的「田制」論題、「兵制」論題。胡氏藉由以「成德精神」為體的政治思想，再到以「改易制度」、「效以禮法」為用的經世觀點，相攝出希望上位者能由上而下的，以「德心」為本，去觀照與改易整體國家社會之方方面面，以改功利、靡爛、浮華之弊風。

　　第五章結論，則對本論文做全面系統性的總結，旨意在於理出胡居仁學術思想上的特點與貢獻，以更迭當代對胡氏學術價值上，認其同合程朱之說的批評，與了無新意的不重視。藉由區分胡氏與程朱之說，承繼與轉化過程中的異調，同時又看到其融釋儒家的成德精神，為其學術思想突破出明代以來自體明覺、空言形上而不用於世的思潮，找到身為一個以「為己之學」為大任之思想家之歷史定位。

第二章　理氣論與心性論

第一節　理氣論

　　胡居仁做為朱熹之學在明代的發話者，其理氣論固然遵循著朱子的理路。
觀其所著之《居業錄》也可明見，其理氣論的基底大多不出於程朱之外，然
而，這並不能類推為胡居仁之思想內容即完全等同於朱子。在胡居仁的思想
體系中，承繼朱子的理氣觀只是作為其思想特色的基調，胡氏在理氣觀的基
礎下延續著程朱的理路，為其在「心性」、「工夫」的思想中開枝出與程朱有
所差異的道路。承其上所述，雖然胡居仁的理氣觀大體而言，延續著朱子所
提供的基礎架構，但藉由理氣觀出發，茲以明見其後「心性論」上的偏轉與
「工夫論」上的獨特。筆者在研究中將其理氣論分作五個部分疏解。以形上
形下的基礎邏輯分解來看：「太極者，理也；陰陽者，氣也」此為其一。以理
氣主次關係與相互之間的平行邏輯來看「理先氣後」、「理氣不離不雜」此為
其二。以理氣動靜交感之後的縱向邏輯來看：「理為純善，氣有善惡」此為其
三。以抽象宇宙界與現實人生界的縱貫結構邏輯來看：「理一而氣萬殊（氣之
象）」、「理生化萬物」此為其四。最後則以形上形下交相建構的整體系統來看：
「天人合一、物我一理」此為其五。分而言之，胡居仁思想邏輯上「理」、「氣」
的縱向與平行關係；合而述之，胡居仁整體不可分割的「理氣」，從抽象的宇
宙界（形而上）下貫到現實的人生界（形而下）時，又是如此展現出其自身的
思想價值，並以此承接其工夫論上的特點。

一、形上與形下的基礎邏輯

從胡居仁的基礎思想來看，固然胡居仁的理氣承自朱子所建構的基礎，故在概念邏輯的分解上其「太極」、「陰陽」、「理」、「氣」關係也系出於朱子的理氣觀點，茲言道：

> 道一也，所指不同。孔子曰「一陰一陽之謂道」。邵子以道為天地之本，又以道為太極。朱子曰「元亨利貞，天道之常」。子思曰「率性之謂道」。然道即理也，一陰一陽之謂道，形而上者謂之道，是指此理行於形氣之中也。道為太極，為天地之本，是指此理為造化之主也。率性之謂道，是指此理見於人身日用也。元亨利貞，是指天理之流行而言也。〔註1〕

胡氏認為，所謂「道」、「太極」、「理」其實則一也，此三者是同一不分的，只是其命名的表述方式不同。他列舉孔子、邵子、朱子、子思所談及之「形而上之本源」，並認其所歸者即所謂「理」。如以孔子之「一陰一陽之謂道」之「道」者解為「形而上」、解為「理」，並說明此為「理（道）」在天地間流行於氣中的表現；以邵子之天地之本之「太極」者也同樣解為「理」，說明此指「理（太極）」為萬本之源、造化之主；以子思「率性之謂道」之「道」者，承接孔子「道即理」的觀點，說明此「理（道）」為形下界的日用活動；最後以朱子之「元亨利貞」總結此為天理的大化流行，是天地間一切事物交相變化流行於世的原則規律。

這種三名實而為一的論述，胡居仁自己也有所體認，茲言道：

> 只是這簡道理，更有甚事，……見於日用，各有所當行者，謂之道。通天地人物，莫不各有當然之理，總謂之道。其所以闔闢天地，終始萬物，無窮無盡，謂之太極。無非是這道理。〔註2〕

對胡氏來說，聖賢口中不論其名曰「道」、曰「太極」、曰「理」就只是所見於此「理」（或「道」或「太極」）之面向不同而已，故所云之「通天地人物，莫不各有當然之理，總為之道」，或是「闔闢天地，終始萬物，無窮無盡，謂之太極」。其實總的來說，也就只是這個「理」而已，亦即為「無非是這道理」之「理」。此外，胡氏對於「太極」與「理」的同一關係也承繼前述中邵子之

〔註1〕（明）胡居仁撰、馮會明點校：《胡居仁文集・經傳》（南昌：江西人民出版社，2013）卷八，頁95。

〔註2〕（明）胡居仁撰、馮會明點校：《胡居仁文集・經傳》卷八，頁94。

天地之本所言及：「太極，理也。道理最大，無以復加，故曰太極。凡事到理上，便是極了，再改移不得。太是尊大之意，極是至當無以加也。」〔註3〕故所謂「太極者」即是「理」；「理也者」即是「太極」二者並非是離散、分別的事物，只是從不同情境角度下的觀看，而有不同的命名方式而已。若以宇宙的大化流行則言「道」；若以天地本源、萬物根源來看則言「太極」；若以現實形下界的活動則以「率性之道」言之；若總論其形上界與形下界的流行變化，則言「理」。

　　最後，胡氏也把「太極」、「陰陽」之間相互的關係作了說明（亦即認同「太極」、「陰陽」之概念，實等同於宋明理學中「理」、「氣」之概念），其言：

> 太極者，理也。陰陽者，氣也。動靜者，理氣之妙運也。有是理必有是氣，故有太極便生兩儀。有是氣必具是理，故兩儀既判，太極即具於其中。故曰一物一太極，又曰萬物共一太極。〔註4〕

故「太極」即「理」、「陰陽」即「氣」這是可以肯定的。而引文中也可以看出胡氏之「理」不僅等同於「太極」的概念，其對於邏輯結構上的分解義——「太極」，也與朱子所秉持之概念一致，當形上的「太極」、「理」下貫到形而下的現實人生界時，萬事萬物之內在原則規律，也同樣擁有著這個「太極」、「理」。且更重要的是，這個「太極」、「理」並不因為太極「兩儀既判」的變化運動，其內在本質有所改變，原來的「太極」即使通過了變動，其內在所本有的規律與原則，還是一分一毫的承繼於萬事萬物之中，即所謂「物物各一太極，但萬物又共得一本源之太極之理」。

二、理氣的主次問題：有理而後有氣，有是理必有是氣

　　綜觀胡居仁《居業錄》所述，大體以「理先氣後」之命題為其核心。觀其《居業錄》中諸言所論，並相互對照下，不難發現胡氏的理氣觀實以「理」作為核心，且內含「理先氣後」的本體綱領。如其言：

> 有理而後有氣，有是理必有是氣，有是氣必有是理，二之則不是。然氣有盡而理無窮，理無窮則氣亦生生不息。故天地之闔闢，萬物之始終，寒暑之消長，知道者默而識之。〔註5〕

〔註3〕（明）胡居仁撰、馮會明點校：《胡居仁文集・經傳》卷八，頁120。
〔註4〕（明）胡居仁撰、馮會明點校：《胡居仁文集・經傳》卷八，頁120。
〔註5〕（明）胡居仁撰、馮會明點校：《胡居仁文集・經傳》卷八，頁103。

首先，開宗言明道出「有理而後有氣」次序上的論點，並解釋出「有理必有氣」的相應關係。其次，胡氏更以「二之則不是」將「理」、「氣」這種相生相應的關係，截為分明不二的一體關係。此外，對於「理先氣後」這個論點最重要的依據，也從其後「氣有盡而理無窮」、「理無窮則氣生生不息」據以而成。據此，我們得到了兩個論點，其一，在概念邏輯的結構之下，「理」、「氣」之間「理」是最初的本源、是第一序列的；而「氣」是因「理」而存在，是從本源派生出來的、是第二序列的。其二，循著上述的邏輯先後再往下探析。因「理」為本源、為萬本之初始根源，故「理無窮」；而「氣」是因「理」而在，故「氣有盡」。然而要注意的問題是，因為此「理氣先後」問題是依照概念邏輯去做分解的，所以在觀其理氣觀之全貌與其哲學思想時，必須將「理氣」看作是一「整體」（不可割裂分離的理氣整體）。所以在概念邏輯的分析上，雖然「氣」是有盡頭、有可能泯滅消散的，但是胡氏亦在其後說明，「氣」會因為「理」而不止息的，故「氣雖有盡，然因理之無窮，故能生生不息」。茲此，這並不違背其後要討論的理氣不離不雜之觀點。

此外，對於其「理先氣後」的論點胡氏也不只一次提及，茲言道：

有理必有氣，理所以為氣，氣乃理之所為。〔註6〕

有理而後有氣，有氣則有象有數。故理、氣、象、數皆可以知吉凶，四者本一也。〔註7〕

據此，則可更加了解，胡氏的「理先氣後」觀，作為其整體的哲學思想上，才是一完整的論點（若與「有此理則有此氣，氣乃理之所為，是反說了。」這一「氣先理後」論點作對比），而這個概念在其著作中也常多次出現。綜合前文所論可知，因「理」而存在之「氣」之論點。在這裡，胡氏直接點明「氣乃理之所為」。此外，「氣」作為萬事萬物所形成的依據，理所當然的也建構出可以知吉凶之象數。所以如果用概念邏輯來分析，確實所有事物因「氣」成形，然而又因「有是氣必有是理」（理氣不離）、「氣乃理之所為」（理先氣後）且「不能二之」的原則，故而胡氏提及「四者本一」亦是真切確實的。「象」、「數」作為現實物象界萬事萬物的一環，但是「有氣」才「有象有數」，而「有理」才「有氣」，四者之間是互相貫通生成，且不能割裂開來的。概念邏輯上確實可以分而述之，然而作為一哲學思想上來看，四者本一才是其完整的思

〔註6〕（明）胡居仁撰、馮會明點校：《胡居仁文集・經傳》卷八，頁112。
〔註7〕（明）胡居仁撰、馮會明點校：《胡居仁文集・天地》卷六，頁80。

想論點與整體表述。其次，關於前述中「理」、「氣」不離不雜之關係，在胡氏的理氣觀中，這與朱子的觀點是一致的，朱子曾言「太極只是一箇理」，〔註8〕以「太極」即「理」的概念：「太極分開，只是兩箇陰陽，括盡了天下物事。」〔註9〕而所謂「陰陽」茲言道：「陰陽只是一氣」。〔註10〕再者，朱子的理氣不離不雜在其著名的「以人乘馬」之喻也可以很清楚的得到其思想中的基點：

> 問：「動靜者，所乘之機。」曰：「太極，理也；動靜，氣也。氣行則理亦行，二者常相依而未嘗相離也。太極猶人，動靜猶馬；馬所以載人，人所以乘馬。馬之一出一入，人亦與之一出一入。蓋一動一靜，而太極之妙未嘗不在焉。此所謂所乘之機，無極二五所以妙合而凝也。」〔註11〕

從朱子此言更可以明顯透析出，其對理氣不離不雜的觀點。引文中明顯的看到「二者常相依而未嘗相離」。且朱子以「人」喻「理」、以「馬」喻「氣」即表明「不雜」之概念；且以「馬」之一出一入，與「人」之一出一入即表明「不離」之概念。雖然此比喻被其後學有所批評，〔註12〕然筆者所要解析的並非是朱子此比喻的對錯，而是要藉此了解，朱子此觀點的基本內容，與其思想淵源的觀點為何。

對此，承繼朱子此不離不雜的觀點，胡氏也有所著墨。如同其前述「不可二之」的觀點，在其《居業錄》也有更多明確的說法：

> 理是氣之主，氣是理之具，二者原不相離，故曰二之則不是。〔註13〕

據此，「理先氣後」這個命題實胡氏所秉持之核心。縱使其認為「理先於氣」，然而這只是一種邏輯上的分析來看，在探究整體的哲學觀點時，是不可以消解這種「理氣一體」的觀點，故其即言「二者原不相離，故曰二之則不是」，

〔註8〕（宋）黎靖德編、王星賢點校：《朱子語類·理氣上》（北京：中華書局，1986）卷一，頁2。

〔註9〕（宋）黎靖德編、王星賢點校：《朱子語類·周子之書》卷九十四，頁2365。

〔註10〕（宋）黎靖德編、王星賢點校：《朱子語類·綱領上之上》卷六十五，頁1602。

〔註11〕（宋）黎靖德編、王星賢點校：《朱子語類·周子之書》卷九十四，頁2376。

〔註12〕如薛瑄就以其著名的「日光飛鳥」之喻來辨明，其言：「理如日光，氣如飛鳥，理乘氣機而動，如日光載鳥背而飛。鳥飛而日光雖不離其背，實未嘗與之俱往而有間斷之處。亦猶氣動而理雖未嘗與之暫離，實未嘗與之俱盡而有滅息之時。氣有聚散，理無聚散，于此可見。」參見（明）薛瑄撰：《薛子道論》（收入百陵學山，明隆慶王文祿輯刊百陵學山本）頁4-1、4-2。

〔註13〕（明）胡居仁撰、馮會明點校：《胡居仁文集·經傳》卷八，頁120。

明顯的解釋其「理氣不離且不雜」的觀點。

最後，胡居仁對於形上角度出發的理氣觀，與形下角度出發的理氣觀，這二者看似分開卻相交不離的說法，也以其「理氣不離不雜」的觀點貫通其整個哲學思想的脈絡之中，其言：

> 立天之道，曰陰與陽，陰陽，氣也，理在其中；立地之道，曰柔與剛，剛柔，質也，因氣以成；立人之道，曰仁與義，仁義，理也，具於氣質之內。三者分殊而理一。〔註14〕

從此引文可以了解到，胡居仁將「立天之道」、「立地之道」、「立人之道」，天地人三者做了明確統一與貫通。其分述了「天」的部分以「陰陽」（氣）為其形具，但「理」（天之理）則在其中不離「氣」且不雜於「氣」；「地」的部分以「剛柔」（理下貫後因「氣」影響之氣質之性）為形具，且它們因「氣」而成就、造就以成；最後，「人」的部分以「仁義」（與氣質之性互具而未明的人之理，或言天命之性）具於「氣質」（整體之個人，為理氣動靜交感後，人因氣以成形之整體氣質）。由此可知，「理」、「氣」二者在抽象宇宙界之「天地」，或是物質人生界之「人世」，因其本就不離不雜的本質，所以不管在「立天之道」、「立地之道」還是「立人之道」，二者皆互具以成形、互具以成體。

三、理氣交感之分論：理無不善，氣則交感錯綜，而賢愚善惡出矣

胡居仁因襲朱子理論之基礎，並拓展他自己哲學思想的觀念與看法，對於「理為純善」與「氣有善惡」這個命題，實可對照朱子與胡氏的心性論，能有更清楚的釐析。如對朱子來說，因為所謂「理」乃其動靜交感以形成人性（性即理也），此性所謂「天命之性」故其本無所謂「惡」，如朱子言：「繼之者善，成之者性。這箇理在天地間時只是善，無有不善者。生物得來，方始名曰性。只是這理。在天則曰命，在人則曰性。」〔註15〕、「理者，萬事萬物之道理，性皆有之而無不具者也。」〔註16〕而胡氏亦曾言：「生萬物者氣，理在其中即為性。」〔註17〕延續著這個脈絡朱子談到所謂「氣有善惡」則云：「天地間只是一箇道理。性便是理。人之所以有善有不善，只緣氣質

〔註14〕（明）胡居仁撰、馮會明點校：《胡居仁文集・經傳》卷八，頁122。
〔註15〕（宋）黎靖德編、王星賢點校：《朱子語類・性理二》卷五，頁83。
〔註16〕（宋）黎靖德編、王星賢點校：《朱子語類・中庸一》卷六十二，頁1512。
〔註17〕（明）胡居仁撰、馮會明點校：《胡居仁文集・經傳》卷八，頁112。

之稟各有清濁。」〔註18〕此外，胡氏則言：「天理有善而無惡，惡是過與不及上生出來。人性有善而無惡，惡是氣稟物慾上生出來。」〔註19〕據此，我們則可以了解「理之純善」，實則是為了讓形上之「理」下貫到形下界時，有其至善的道德準則，而使人人都有成聖成賢之可能，然而聖者、賢者非人人初生就可得而之，其原因又根於「氣質之稟」（後續章節談及）所導致。

承繼著這個脈絡的胡居仁，其對於「理為純善」、「氣有善惡」這個命題大體同於朱子之看法，茲言道：

> 理無不善，所以發而為陰陽五行，以生人物者，氣也。其交感錯綜，益參差不齊，而清濁偏正，於是焉分，而賢愚善惡出矣。〔註20〕

在此引文中，胡氏在善惡的分別上，直接點出「理無不善」與「氣有善惡」的論點。在「理為純善」的命題上，胡氏認因其為陰陽五行知本，故「無不善」；而「氣有善惡」上，乃基於氣「交感錯綜，益參差不齊」之性質，故而有「清濁偏正」「賢愚善惡」之別。這樣的思想基礎本質上是與朱子相同的，這都是為了讓形上準則，能實有的應對於形下所設的基礎原則。故胡氏亦曾言「論太極本然之理，以為生物之主，安有不善？論動靜陰陽，錯綜交運，安得不有清濁美惡之殊？」〔註21〕

而胡氏因其常援引程朱之說，為了避免大眾學者對於程朱的核心論點有所偏誤，他在援引程子之說時，亦曾予以說明：

> 程子言善惡皆天理，非言有不善之天理。言善惡皆天理中出來的，是理處便是善，非理處便是惡。蓋太極流行，便有動靜。陰陽是非邪正，亦是理之自然，不能無者，非言惡者亦可名為天理也。〔註22〕

在這裡，胡氏深怕後世之人誤用「程子言善惡皆天理」，所以他在堅持「理為純善」的這個脈絡下，解釋程子所言之善惡從出於天理，其真正意涵應當是，因「理」做為萬事萬物的根本，故而所謂「善惡」實基於此根本之理從出；而所謂「非理」所從出者便是所謂「惡」。胡氏認為，太極之大化流行中便有了動靜，而只要有太極其流行中必有陰陽，故而「所謂陰陽者，乃是氣也。所謂動靜者，乃理氣之妙運也」。所以，程子所說的「善惡皆天理」是正確的，但

〔註18〕　（宋）黎靖德編、王星賢點校：《朱子語類・性理一》卷四，頁68。
〔註19〕　（明）胡居仁撰、馮會明點校：《胡居仁文集・心性》卷一，頁18。
〔註20〕　（明）胡居仁撰、馮會明點校：《胡居仁文集・心性》卷一，頁18。
〔註21〕　（明）胡居仁撰、馮會明點校：《胡居仁文集・經傳》卷八，頁109。
〔註22〕　（明）胡居仁撰、馮會明點校：《胡居仁文集・經傳》卷八，頁121。

是他討論的部分是大化流行後、陰陽動靜交感後的結果。然而胡氏所謂「是理處便是善」、「非理處便是惡」這是基於尚未有所動靜交感、流行變化的太極（理）而言。如其言道：

> 天理是人物所以生底道理，有生之初，所稟得底道理。人慾是有生之後，因氣稟之偏、情慾之感、事物之交、利害相形而生。故天理是本然之善，天所付底。人慾是失其理、動於物、縱於情，乃人為之偽，非人之固有也。〔註23〕

所以說，就胡氏的觀點來看，程子所謂善惡皆從理而出，其實已是「理」、「氣」交相感應後所出現的情慾之感、利害之事，是屬於「生之後」者。就如同胡氏曾言道：「指其本原所由生之理，則有善而無惡，故仁義禮智，何嘗不善？惻隱羞惡之發，無往而不善矣」。〔註24〕故程子之「善惡皆天理」與朱子之「理為純善」是不衝突的，程子是合形上宇宙界與形下物質界而述之，朱子和胡氏則是分別就形上宇宙與形下物質，究其探究「本源之理」而說之。

其次，就「氣有善惡」的問題，這裡所牽涉的問題則要跟「欲」來做一相關性的討論，如胡氏所言：「惡是氣稟物慾上生出來」。然而「氣」本非就是「惡」，其有所謂「惡」實則是不合於中道之本而已，不合乎「中者」則必「不順其理」；而「不順其理」者則必為「惡」。所謂「惡」只不過是「氣為主而滅乎理」，若是使「理主而氣順」則無所謂「惡」。如其言：

> 欲生於氣，是氣為主而滅乎理。須使理為主而氣順焉。人之知識才能本於性，然亦不能不蔽於氣。故性與氣皆當養之以復初。〔註25〕

也就是說，其實所謂「氣有善惡」或是「氣成善惡」，只是其中是否順乎天理而已，若是所形之「氣」以「理」為所主，則順理以行之。如此，則無所謂「過與不及」、「蔽氣稟物慾」的問題產生。對於「人欲」（氣）、「天理」（理）的問題朱子曾言道：「熹竊以謂人欲云者，正天理之反耳。謂因天理而有人欲則可，謂人欲亦是天理則不可。蓋天理中本無人欲，惟其流之有差，遂生出人欲來。程子謂：善惡皆天理，謂之惡者本非惡，但過與不及便如此。所引惡，亦不可不謂之性，意亦如此。」〔註26〕誠如朱子所言，所謂「人欲者」

〔註23〕（明）胡居仁撰、馮會明點校：《胡居仁文集・學問》卷二，頁35。
〔註24〕（明）胡居仁撰、馮會明點校：《胡居仁文集・經傳》卷八，頁112。
〔註25〕（明）胡居仁撰、馮會明點校：《胡居仁文集・心性》卷一，頁20～21。
〔註26〕（宋）朱熹撰、陳俊民校編：《朱子文集》（臺北：德富文教基金會出版，允晨文化總經銷，2000）卷四十，頁1746。

若是說其「因天理而有人欲」則可以以此言之；然而，若是說「人欲亦是天理」則不可。這裡所牽涉到的有兩層意思：其一，所謂「天理」者本就不包含「人欲」。也就是說，對於「人欲」這個問題的產生，即所謂動靜交感後的流行變化所導致。據此，則可歸納「人欲」即如胡氏所言「惡是氣稟物慾上生出來」。其二，程子所謂動靜交感後所生之惡之天理，彼言道「謂之惡者本非惡，但過與不及便如此」。所謂惡者，其實只是在動靜交感應接事物後，因其「過」或是「不及」所導源於不合乎中道、不順理之「惡」，也就是說其實所謂「人欲」、「氣」二者看似為「惡」的範疇，並非真的就是絕對之惡。〔註27〕

據此，則可以了解「氣有善惡」這個命題所關注的論點，應該是其「理」、「氣」動靜交感後流行變化所致，就概念邏輯上所謂之「氣」它只是應接「理」時的一物質體而已，並非有所謂「善」、「惡」的性質存在。所言之「氣有善惡」都是在交相感應後有無「順理」或是有無「使理為主」方才能定論其或善或惡。

四、理一分殊：天地人物，分雖不同，同此一理；形雖不同，同此一氣

綜上所述，胡居仁的理一分殊，因其延續著朱子理氣觀的概念延續著，所以在「理氣不離不雜」、「理為純善，氣有善惡」的部分，其概念上的本質大體相同。對胡氏來說，作為天地萬物之「理」，就其本身的概念而論，它是至善、至大且無一絲駁雜，它是萬事萬物所稟受那至大至廣的根源。分而論之，不管是形上界的「理」，還是經由與「氣」動靜交感，而後下貫分殊到形下界、物質界後的「理」，二者實則為一同體構作的概念。就是因為萬事萬物，不管是「物之理」還是人類之「心之理」，因為所稟受的都是那至善至大的根源之「理」，所以不可能將其二分割裂開來，兩者雖二但實則本一。如同朱熹的「月映萬川」與「隨器取量」之說：「人物之生，天賦之以此理，未嘗不同，但人物之稟受自有異耳。如一江水，你將杓去取，只得一杓；將碗去取，只得一碗；至於一桶一缸，各自隨器量不同，故理亦隨以異。」〔註28〕

對此，胡氏對於萬物本一之說，其言：

〔註27〕又如朱子曾言：「欲是情發出來底。心如水，性猶水之靜，情則水之流，欲則水之波瀾，但波瀾有好底，有不好底。欲之好底，如『我欲仁』之類」參見（宋）黎靖德編、王星賢點校：《朱子語類・性理二》卷五，頁93～94。
〔註28〕（宋）黎靖德編、王星賢點校：《朱子語類・性理一》卷四，頁58。

> 天地人物，分雖不同，同此一理；形雖不同，同此一氣。故聖人所
> 以真實懇惻，以仁民愛物，乃其心之自然，非強而為之也。其所以
> 民安物阜，而上下與天地同流者，亦其效之自然。非有一毫增益於
> 性分之外也。民之所以仰瞻感化者，亦其心之自然而不容遏，非有
> 強也。所以然者，理一氣一故也。〔註29〕

胡氏一開始就說明天地人物之間，縱使各有各的不同，但天地萬物「同此一理」
且「同此一氣」。所謂的「同此一理」，意指宇宙、人生界終極純善本源的「理」，
這也造就人人都有機會復返、回歸那成聖成賢之路的依據所在；而所謂「同此
一氣」，則是指萬事萬物都是經由那初始之元氣，經由此初始之元氣，與理動
靜交感才有此分殊之萬象。在引文中，「性」之內容，我們應當解釋為其純善
「天理」與「氣」感應後所成之「人性」、「物性」，如朱子所云：「繼之者善，
成之者性。……生物得來，方始名曰性。只是這理。在天則曰命，在人則曰性」。
〔註30〕亦或是胡氏所云：「生萬物者氣，理在其中即為性」，此即是所謂「性即
理」的概念。茲此，不超出於性分之外這是理所當然的。畢竟所謂「理」就是
包含這天地萬物的道理，就算與「氣」交相感應出現各種萬殊之象，那還是「同
此一理」，茲言道：「萬物各有稟受而此理無不全具，謂之性」。〔註31〕故其後
言道「理一氣一故也」這是符合其論點的。其次，在胡氏看來，「分殊」最重要
的意義在於，它不僅能解釋為何天地人物明明各稟「同此一理」、「同此一氣」
卻還是有人能成為聖者賢人，有人只能庸碌而墮於下者。也因為「理一分殊」
的依據，它能使這些蔽於氣者的多數，因為「理一」的依據，使人可以藉由「做
工夫」的方式「克己」、「誠敬」、「涵養」、「窮理」等復返聖人之大道。

關於「分殊」之問題，胡居仁言：

> 孟子言性善，是指本原之理而言。程子兼清濁美惡，二者皆是也。論
> 太極本然之理，以為生物之主，安有不善？論動靜陰陽，錯綜交運，
> 安得不有清濁美惡之殊？知孟子之說，則知吾性之本善，當求復乎此，
> 而堯舜可為也。知程子之說，則知人不善者，乃氣質之偏，當變惡為
> 美，以致克復之功，其有功於聖門，有功於後學，非淺也。〔註32〕

〔註29〕（明）胡居仁撰、馮會明點校：《胡居仁文集·心性》卷一，頁20。
〔註30〕（宋）黎靖德編、王星賢點校：《朱子語類·性理二》卷五，頁83。
〔註31〕（明）胡居仁撰、馮會明點校：《胡居仁文集·經傳》卷八，頁94。
〔註32〕（明）胡居仁撰、馮會明點校：《胡居仁文集·經傳》卷八，頁109。

從這裡可了解，所謂「分殊」乃所謂「清濁善惡」這個性質義上的不同，所以因為「分殊」後有善、有惡、有清、有濁的不同，如上述所謂「知人不善者，乃氣質之偏」。這時候所謂「惡者」、「濁者」它們並不是往後就是如此，他們是能改變且能復返，亦能成就至善至美之大道。所以說「知吾性之本善，當求復乎此，而堯舜可為也」、「當變惡為美，以致克復之功，其有功於聖門，有功於後學」這就是「理一」重要之所在。胡氏藉「分殊」詮釋了天地萬物不同之事實，然而這個「分殊」的事實，並不是往後就蓋棺論定，任何「惡者」、「濁者」它都是能透過修養、轉化而成聖成賢的，這是在「理一」的前題下給出了這個依據。亦同於聖賢者，其「理」亦實本同一，茲言道：「聖賢隨其所指，分別出來，貫通後萬物只一理。」〔註33〕

其次，就「理生化萬物」這命題而論。「理」做為萬事萬物的根源、本源，如前面所述，它是整個形上宇宙界、形下物質界中運行法則的根本道理。不管是概念邏輯分解上，形上界之「理」，還是形下界之「理」（性），兩者實本二而為一。因此，接續著「理一分殊」的概念也就不難理解「理生化萬物」這個問題。筆者的研究中刻意將其從「理一分殊」或是「天人合一」、「物我一理」的命題上拆分出來，實則也是為了更加清楚的探討，形下的萬物是怎麼秉彝著形上之「理」，從而使「性」與「理」方有貫通之義。

如胡氏對理（太極）、氣（陰陽）、萬事萬物這三者相互之間的關係即言：

> 有太極便有陰陽，有陰陽便有天地，有天地便有人物，有人物便有
> 性情，有性情則形於言語詠歌。〔註34〕

胡氏很清楚地說明，從太極、陰陽、天地以至萬事萬物，這是理、氣、萬物三者之間的縱貫關係。這亦合於「理先氣後」的段落中胡氏所言：「有理必有氣，理所以為氣，氣乃理之所為。生萬物者氣，理在其中即為性」之論，其實一切與「理」之外，任何有形、無形之個體，都是從「理」而派生出來的。如胡氏曾言：

> 「一陰一陽之謂道，繼之者善，成之者性。」繼那天道便是善，成
> 那善便是性。以此知性善無疑。性惡者，蔽於氣也，氣從何出？亦
> 理之所為。〔註35〕

〔註33〕（明）胡居仁撰、馮會明點校：《胡居仁文集・經傳》卷八，頁94。
〔註34〕（明）胡居仁撰、馮會明點校：《胡居仁文集・經傳》卷八，頁126。
〔註35〕（明）胡居仁撰、馮會明點校：《胡居仁文集・經傳》卷八，頁119。

引文中,首先胡氏沿襲宋儒之說,以陰陽即道體,繼承此道體者即善也者,而所成就在人身之上者即性也者,其中最重要的莫過於其後言「氣從何出?亦理之所為」。連建構出萬事萬物之「氣」都必須由「理」而來,它是不能夠超脫出「理」的範疇自成其說的。亦如胡氏曾言:「天地萬物,一理之所為,是理處,天地且不能違,況於人乎?況於鬼神乎?」〔註36〕這裡更確立,無論是廣袤無邊的天地之體,還是無形無象的鬼神之類,抑或是有自主意識之人物個體,都是不能超脫於「理」的範圍之外。最後,何以如此確定所謂生物者,是從理(太極)所生之氣(陰陽)之上產生?胡氏則以《易傳·繫辭下》中「天地絪縕,萬物化醇。男女構精,萬物化生」以說明「氣之交」(抽象性,解釋天地間萬事萬物之初始)、「形之交」(具體性,解釋現實世界雌雄化生繁衍)。茲言道:

> 生物須要陰陽交感乃生,或以氣交,或以形交。天地絪縕,萬物化
> 醇,是氣交;男女構精,萬物化生,是形交。〔註37〕

此引文實則與上述所提到的段落觀點一致,生物被陰陽所建構,是有一過程,此過程即所謂前文中一直所提及之「動靜交感」、「交相感應」之說。它並不是無端由「氣」上派生、分化出來的,如上所言,這個過程中又分成兩個不同的面向以言之。其一,言之以「氣交」者,如陰陽之氣建構此世界,所謂:「天地絪縕,萬物化醇,是氣交」;其二,若論人之男女交媾,或萬物以形體生化另一物之時,則以「形交」以言之。綜上所述,也可得知,「理生化萬物」中還有一「陰陽動靜交感」的過程,方才能了解到,萬事萬物所稟之根源從何而來。

五、形上與形下之綜論:一本者,無一物不是這簡理

在「天人合一」、「物我一理」這個部分中,乃基於形上界之「理」、「氣」,與形下界之「理」、「氣」所相互建構出的一整體系統,做貫通的探析,實則是整個理氣觀之總結。

在宋明哲學思想中,聖人賢者所追尋的大道,就是將自身之理(性)合乎與順乎宇宙界之「理」。在這個過程中,任何的一言一行、一舉一動;甚至是時間上的每分每秒;空間上的外在、內在、主體、客體之間,都必須合乎「理」順乎「理」,方才能稱得上是聖人、賢者,此即如胡居仁所言:「一息不

〔註36〕(明)胡居仁撰、馮會明點校:《胡居仁文集·經傳》卷八,頁116。
〔註37〕(明)胡居仁撰、馮會明點校:《胡居仁文集·經傳》卷八,頁121。

存，則天理即便間斷」。〔註38〕在宋明理學的觀念中，這些儒者也都恪守著順乎理、合乎理的中心思想，實則也是認為，這本應是萬物之靈的人類，所應遵循的大道與其最終人生的路徑。在程朱的思想中，或是遵循程朱大義的胡居仁思想中，均提及「物我一理」、「天人合一」的觀點。而所謂「物我一理」即客體上萬事萬物之「物理」與主體上我之「心理」之間，因為所稟受的「理」（宇宙之理）是一樣的。所以說，做為內在主體之「心理」若能與外在客體之「物理」，達到合於內外之道那理所當然的就能達到所謂「天人合一」的境界。茲言道：

> 一本者，無一物不是這箇理，若有私吝蔽固，便隔斷了，成二本去，
> 故程子言放開意思，打了習心，方能與萬物一體，方能合內外之道，
> 天人又何間哉？〔註39〕

引文中所謂「一本」實則所謂「本源之理」，故其言「一本者，無一物不是這箇理」，即是說明客體之萬事萬物與主體之我，所稟之一本都是從此本源之理。所以其後所言：「若有私吝蔽固，便隔斷了，成二本去」。這也說明了任何私心惡意，會阻斷人我與物我之間合一的目標，反倒分成了二本。也因此，胡氏引用程子所說的話，其言程子的「放開」，實則是要人們打開困於耳目所得的一切現象，這裡並非是佛學那種目空一切，把萬事萬物無論是非善惡都定為「虛妄」。程子所言放開所被困之耳目所得，應理解為放開這些耳目所得所需之「欲」與「惡」者，故上文中胡氏才提及所謂的「私吝蔽固」，就是為了應對「打開習心」。如王夫之所言：「開則與神化相接，耳目為心效日新之用；閉則守耳目之知而困於形中，習為主而性不能持權。故習心之累，烈矣哉！」。〔註40〕

而對於「一本」（物我一理）與合內外之道（天人合一）的命題，胡居仁也以孟子、伏羲來做一比喻，其言：

> 所謂一本，天地人物甚事不是一本？孟子言知其性則知天，伏羲仰
> 觀天，俯察地，近取諸身，遠取諸物，參驗錯綜，無一毫不合處，
> 依此寫奇偶卦畫，而天地人物，古今事變，盡在其中。若非一理，
> 只此數畫，如何便能該盡。〔註41〕

〔註38〕（明）胡居仁撰、馮會明點校：《胡居仁文集・學問》卷二，頁32。
〔註39〕（明）胡居仁撰、馮會明點校：《胡居仁文集・學問》卷二，頁29。
〔註40〕（宋）張載撰、（明）王夫之注、楊家駱校編：《張子正蒙注》（臺北：世界書局，1962）卷三，頁77。
〔註41〕（明）胡居仁撰、馮會明點校：《胡居仁文集・經傳》卷八，頁115。

如前文筆者所提及的，其所謂人之理（性）就如同形上界之本源「理」，是二而一的概念。所以胡氏解孟子所謂的知「性」、知「天」即是所謂的一本之理；而伏羲俯仰天地、進取諸身遠取諸物、合天地之理、合內外之道（諸身之「人我」與諸物之「物我」），並依此創建奇偶卦畫，其中所蘊含之天理法則，即源於「理」。胡氏要強調的，即是物我之間所僅有、存有的這一「理」，所以說無論是孟子的知性則知天、抑或是伏羲八卦能括盡一切道理，那背後本質上的原因，即是這「理」之本源。就連人我之間，聖賢與普通人也是一樣，如胡氏亦言：「人皆可以為堯舜，是吾心之理，與聖人一也」。〔註42〕

最後，胡居仁也以儒家之本——孔門之學，來統論孔子所謂之「仁」與「天人合一」之相關性與其重要性：

> 孔門學者，以求仁為要，真是好，是教他在最切要處求。非但自己一身好，與天地萬物，血脈便相貫通。〔註43〕

在這裡，胡氏認為孔子教人所謂「求仁」，那不僅僅是對於自身主體中，求取「仁」而放於自身之心理。誠然，求「仁」以置於自身其中，日用之間琢磨此「仁」達於「仁心」，這是必須且自然應當如此的。但是胡氏認為，在這過程中使求得之仁之自身仁心，貫乎自我而通體舒暢不僅是孔門學者所教人的唯一道理。在這背後，所包含的「與天地萬物，血脈便相貫通」才是最重要的課題，這也是宋明儒者，也是胡氏所看重的。亦是儒家成德精神中，「天人合一」之道、成聖成賢之道。

第二節　心性論

承上節論述胡居仁之理氣觀，胡氏雖在理氣觀基礎的建構上承接朱子，但在心性論則已有所偏轉，如呂妙芬在《胡居仁與陳獻章》曾言：「胡居仁的思想內容可以說完全沒有離開朱子的範圍，在理論的架構上也沒有突破朱子之說；但是對朱子學說中各論題的份量，卻有所偏移。亦即將理氣、太極等形上學、宇宙論的部分都削弱了，而把學問重心移到個人一身的修養上……雖然他自覺並未離開朱學，就其學問的大體而言也屬朱子學派，但實際上

〔註42〕（明）胡居仁撰、馮會明點校：《胡居仁文集·聖賢》卷三，頁48。
〔註43〕（明）胡居仁撰、馮會明點校：《胡居仁文集·聖賢》卷三，頁38。

『心』在其整體思想中的比重與強調的程度，已是大大被提高」，〔註44〕如上所言，儘管胡居仁在形上的宇宙論已有削弱，但重視程朱原則的他，反而把談論「心」的議題與「為學工夫」的比重提高，筆者認為實與其所處時代心學崛起有關。又關於胡居仁的工夫論特色，在《明史》中提到：「原夫明初諸儒，皆朱子門人之支流餘裔，師承有自，矩矱秩然。曹端、胡居仁篤踐履，謹繩墨，守儒先之正傳，無敢改錯。」〔註45〕合緒論中所論，從吳與弼的「嘗歎箋註之繁，無益有害，故不輕著述」和薛瑄的「自考亭以還，斯道已大明，無煩著作，直躬行耳」二者，其中提及的「朱學陸學化」一詞，不僅體現於「工夫論」亦見於「心性論」。茲此，也能了解到明初諸儒甚至是胡居仁，相較於宋儒對於形上宇宙論的看重，他們所著重的部分早以偏移到了「心性論」和「工夫修養論」。

一、性

（一）性之概說與天命之性

胡居仁論人性仍是承續程朱「性即理」的命題。其論「性」，常以程子、朱子的言論作為其立論的根基。胡氏雖未嘗打破程朱所立的架構，但這裡的重點則在於：從宋人以來關於此論題演進的脈絡，對照胡氏性論之相類相異之處。

所謂性的二元看法，即所謂稟天純善之「天命（地）之性」，與理氣相合有善有惡之「氣質之性」或「才性」而言。性的二元論之脈絡，大體而言由張載首先提出，而程頤加以改易，最後由朱子集其大成並綜合二說，成立了一個較為嚴密的系統體系。

胡居仁「性」的本質概念上基本合於程朱所論，係為萬物稟受天理，茲言道：

> 「一陰一陽之謂道，繼之者善，成之者性。」繼那天道便是善，成那善便是性。以此知性善無疑。性惡者，蔽於氣也，氣從何出？亦理之所為。故程子又曰：「善惡皆天理，但人自不可流於惡。」又曰：「不是善惡在性中相對而生。」既曰不可流於惡，不是在性中相對而生，則元初只是善也。〔註46〕

〔註44〕呂妙芬：《胡居仁與陳獻章》（臺北：文津出版社，1996），頁163。
〔註45〕（清）張廷玉等撰，楊家駱主編：《明史·列傳一百七十·儒林一》（臺北：鼎文書局，1980）卷二百八十二，頁7222。
〔註46〕（明）胡居仁撰、馮會明點校：《胡居仁文集》卷八，頁119。

「理」做為天地宇宙間至善的道理準則，當它因為宇宙天地的流行變化後，落實到人物身上時，便名為「性」，即「天地之理」。引文中可知：其一，「性」是純善不染的，因為人物所生之「性」，便是繼那天道便是善；其二，人物之「性」固然有所謂「惡」，但是「惡」者實非「性」之本然狀態，乃為「氣蔽」所導致，如其言「元初只是善」。又胡氏亦曾言：「天理有善而無惡，惡是過與不及上生出來。人性有善而無惡，惡是氣稟物慾上生出來」。〔註47〕茲此，當論到人物之「性」時，基本上會有兩個層面，一則程朱所論純善的「天命之性」，二則程朱所謂「氣質之性」或是氣蔽所致之「才性」。

對於「天命之性」，胡居仁則言：

> 道理本原，只在天命之謂性上。萬事萬物之理，皆在此處流出。〔註48〕

> 存諸中莫若忠，施於人莫若恕。忠是盡己之事，為萬事之根。天命之性，即此而存，天下之大本，即此而立。〔註49〕

> 夫天命之性，與生俱生，不可須臾離。故靜而未有事接之時，則此心未動，此理未發。〔註50〕

從這幾則引文更能看出，胡氏雖在「天命之性」論題上本於程朱所建構之脈絡，但並非沒有自己實質上的見解。如上所述，「靜而未有事接之時，則此心未動，此理未發」，胡居仁把「未發」─「心」─「理」三者做了聯繫，雖然與朱子「心的未發已發」相似，但若以「心之未發」來看，朱子實無「理也未發」的概念，朱子的「理」在其整體的脈絡來看是常在的，並不因「心」的未發已發而有所變易，亦或因「心」的未發而「理」不能彰。朱子儘管也重視「心」的能動性與積極性，但並不因稟有「天命之性」的人「心之未發」而「理」無法彰顯其浩浩之明。從這裡亦看出胡氏對於「心」的重視程度有所提高，儘管「未發之心」依然是「性」（天命、本然之性，亦即理），但胡氏以「此理未發」實有將「理」認作心的附屬之義，進而提高其對於「心」的地位。當然，胡氏也可能是字詞彰顯問題，以「理」為主體與事物相接時的「事理」、「物理」故認此理未發，並非是萬事萬物之至理未發。然即便如此，就

〔註47〕（明）胡居仁撰、馮會明點校：《胡居仁文集·心性》卷一，頁18。
〔註48〕（明）胡居仁撰、馮會明點校：《胡居仁文集·經傳》卷八，頁95。
〔註49〕（明）胡居仁撰、馮會明點校：《胡居仁文集·經傳》卷八，頁97。
〔註50〕（明）胡居仁撰、馮會明點校：《胡居仁文集·心性》卷一，頁14。

此段語意整體來看，也能看出胡氏賦予「心」更加「主動」、「積極」之內涵，把程朱所本「至高性」、「超越性」的「理」漸趨於「被動」，亦或為「心」所漸趨替代其原本較高之地位。

其次，胡居仁對於「理」、「性」、「命」也有所發微，茲言道：

> 在天曰命，在人曰性，在物曰理，在五常為道，其實非有二也。然
> 道又通乎天地人而言，故曰天道、地道、人道。〔註51〕

從這裡可以很清楚的了解，「理」、「性」、「命」這三者所指為一（即是道理本原，萬事萬物所稟受宇宙天地的「天道至理」），只是分殊在不同現象的時候命名不同而已。若以天而名之則所謂「命」（天道倫常之性命本原）；若以人物而名之則所謂「性」（人物道理之本然之性）；若以事物而名之則所謂「理」（萬事萬物之道理本原），且胡氏更以為所謂五常所名之「道」實則也同為一本。故其言「其實非有二」，所謂「道」即是「天命」、即是「人性」、即是「物理」的不同化名，且更認「道」實則貫通天地人三者合而言之，各有所謂天道、地道、人道之謂。但是，若胡氏認「在物曰理」且三者實本同一，則前論筆者為胡氏設想之字詞彰顯問題也就不言而明，若其所謂「理未發」實非至高、終極之「理」之未發，僅為現實主體能觀測、體認之「事理」、「物理」之未發，那上述三者同一之論也就出現了矛盾。據此，筆者認為，胡氏在心性的議題上，整體內涵的架構儘管恪守於程朱立論，但是內在義涵則如呂妙芬先生所言：「『心』的強調與比重已經被大大的提高」，而此提高與強調筆者更認為，已略能看出胡居仁把本來程朱所賦予「理」的積極超越義，開始移轉到了「心」之上，並以此做為在「為學工夫」論上的基底，並以此發揮。

（二）氣質之性與氣稟才性問題

前面所言乃以胡居仁對「性」即純善之「天命之性」的討論，更進一步來看，論「性」則不免涉及「氣質」的問題，胡氏認為論「性」之始，應兼論「天命」與「氣質」：

> 性即理也，故孟子言性善是也。論性不論氣不備，故程、張兼氣質
> 而言。自程子之說出，荀、楊、韓之說不辨而自明。故朱子以程子
> 為密。〔註52〕

〔註51〕（明）胡居仁撰、馮會明點校：《胡居仁文集・經傳》卷八，頁94。
〔註52〕（明）胡居仁撰、馮會明點校：《胡居仁文集・經傳》卷八，頁109。

據引文可以清楚的看出，其認為論「性」之時，不加論「氣質」則不能兼備完言。胡氏重視的是「性」的整體性，亦認為張子、程子、朱子兼論「氣質之性」才是完整的一「性」論系統。

　　若論「氣質之性」則不能離所謂人物所構成之「氣」這一說，如開篇所論述，所謂「氣質之性」實則為「理」、「氣」二者相合感動之後，所形成之人物殊性，又因稟受這清濁不同之「氣」，方有分殊義的不同。固然人物之生本源來於「理」所貫通之「天命之性（本然之性）」，此係為「理一」的原則；然而因為人物初生之後，有形之體是由「氣」所聚合，故人物之「性」既有純善的「天命之性」，也應當且必須有「理」「氣」相合之後所形成「氣質之性」。茲此，重視整體性的胡居仁結合「理」、「氣」與善惡進行論述，茲言道：

> 有理必有氣，理所以為氣，氣乃理之所為。生萬物者氣，理在其中即為性。故說著性，便遺不得理與氣。但所指不同，指其本原所由生之理，則有善而無惡，故仁義禮智，何嘗不善？惻隱羞惡之發，無往而不善矣。其為不善，是物慾害之也，孟子主意是如此。然物慾如何又害聖賢不得？眾人如何動輒便為物慾所害？是其氣質不同也。故指其本然之理而言，則為仁義禮智，其善可知。指其稟與氣者而言，則或清或濁，或善或惡，不能齊也。〔註53〕

因「理」「氣」對於形下物質界而言本是同體構造，也因此「有理必有氣，理所以為氣，氣乃理之所為」，故「理」「氣」是不離不雜的一個整體。而萬事萬物有其形體，也因「氣」而被構築，故其言「生萬物者氣」，但是也因為「理」「氣」相互交感之後，方才有所謂「性」，只是此「性」在人物、事物之中有兩個不同層面可言。其一，「指其本原所生之理」故有善而無惡，能發揮道理本原「仁義禮智」的基礎，係為「天命之性（本然之性）」，故其言「惻隱羞惡之發，無往而不善矣」。這也是聖人之所以為聖人的道理所在。其次，胡居仁進一步說明，有所謂「不善」乃是由於「物慾」所害，但是「本然之性」係為純善何以為之所害？實則為其二所指，「是其氣質不同也」係為「氣質之性」。人物所生固然稟其「理」所予人之「天命之性」，然而因為「氣質」、「氣稟」的不同才會容易被「物慾」所累，聖人之所以為聖人，也只是不被「物慾」所害而已。在這其中，胡氏更是說明了這一「氣稟」的不同，實則有所謂「或清或濁，或善或惡」之別。胡氏的《居業錄》雖然是以語錄體的方式記述，但他

〔註53〕（明）胡居仁撰、馮會明點校：《胡居仁文集・經傳》卷八，頁112。

的思想並非是離散、雜亂的，胡氏此言也顯示了他重視著思想理論上的整體性。與朱子不同的是，筆者認為胡氏或許考慮到其言論會同於朱子一樣，遭受學生或是不甚了解的學者非議與曲解，所以他在談論思想論題的時候，往往特別有「強調」的部分，從他在談論「氣質」問題也把「理氣」的基礎定義、「性」的本然問題、仁義禮智之本善、聖賢物慾都做一次整體性的連貫描述，就能看到其重視著每一論題所代表的分別義與放諸於思想中的整體性，而這種思想特色在他對「敬」的議題上，則顯得更加明白，儘管在「涵養之敬」的論題上，其內在意涵還是保有朱子的思想，且與朱子認「敬貫動靜、體用、未發已發」的本質一致，但他在論述的時候，往往特別強調「未發之敬」、「已發之敬」的分別，又因為這樣的強調，使他在「敬」的比重與意義上更加超越了朱子，故而胡氏雖稟承朱子思想，但又有其不同的思想特質，不論是在「理氣心性」的構築上已有顯現，在工夫論論題上亦更加清晰。

　　其次，就清濁善惡的論點，胡居仁言：

　　　　五性感動而善惡分，萬事出矣。性如水之源，感動是水之流也。如
　　　　源本清，流出來便有清濁，清者是不為沙塵所涸，濁者為所涸也。
　　　　用力之道，當濬其源，澄其流。〔註54〕

所謂「感動」者乃所謂「流行」、「變化」是動態且貫通連續的。所謂「性」者如本清之水源，有所謂清濁之變易乃為「感動」。這種借流水之喻來形容人之「純善本性」與「偏滯才性」之說，胡氏在其〈心性篇〉也有此相類之喻，茲言道：「如清者為水，而濁者亦為水。蓋水之源本清，流出去便有清有濁；理之源本善，稟於人便有善有惡」。〔註55〕朱子亦多次提及，其言：「有是理而後有是氣，有是氣則必有是理。但稟氣之清者，為聖為賢，如寶珠在清冷水中；稟氣之濁者，為愚為不肖，如珠在濁水中」〔註56〕、「『理在氣中，如一箇明珠在水裏。理在清底氣中，如珠在那清底水裏面，透底都明；理在濁底氣中，如珠在那濁底水裏面，外面更不見光明處』」。〔註57〕故人之本「性」乃為純善之至理所有，但是流行變化「理」「氣」相合感動之後方有水流清濁之變化，而這變化之後的清濁，係為人之殊性的才性問題。就像胡氏的本源

〔註54〕　（明）胡居仁撰、馮會明點校：《胡居仁文集・心性》卷一，頁18。
〔註55〕　（明）胡居仁撰、馮會明點校：《胡居仁文集・心性》卷一，頁19。
〔註56〕　（宋）黎靖德編、王星賢點校：《朱子語類・性理一》卷四，頁73。
〔註57〕　（宋）黎靖德編、王星賢點校：《朱子語類・性理一》卷四，頁73。

明清之水（天命之性）與感動清濁之水（氣質之性）這樣的相對論說，或是朱子所謂「純善本性」乃是一明珠，人人各有這一明珠的本然之性，只是這氣有所清濁之分，故若是稟其濁氣者，則如寶珠陷深泥而不出，是故無法發揮人之天然至善的本性道理。兩者之喻都是肯定氣質之性這一命題，也因這命題帶出後天人物初生的賢愚之別問題、物慾所累問題。此即後面「工夫修養論」的基礎，這都是一系列成聖為賢現世實用的踐履行為。

　　而這種對於「欲」的探討上，胡居仁則言：

> 天理是人物所以生底道理，有生之初，所稟得底道理。人慾是有生之後，因氣稟之偏、情慾之感、事物之交、利害相形而生。故天理是本然之善，天所付底。人慾是失其理、動於物、縱於情，乃人為之偽，非人之固有也。〔註58〕

在胡氏看來，其所指之「欲」都是人欲之中「屬惡」的欲望。要如此分明是因為，同樣所謂「欲」在程子看來並非認「欲」等同於「惡」的性質，程子曾言：「善惡皆天理，謂之惡者本非惡，但過與不及便如此」。〔註59〕朱子則承程子之言：「熹竊以謂『人欲』云者，正『天理』之反耳。謂『因天理而有人欲』則可，謂『人欲亦是天理』則不可。蓋天理中本無人欲，惟其流之有差，遂生出人欲來。程子謂：『善惡皆天理，謂之惡者本非惡，但過與不及便如此。』所引惡，亦不可不謂之性，意亦如此」。〔註60〕但胡氏則言：「天理有善而無惡，惡是過與不及上生出來；人性有善而無惡，惡是氣稟物慾上生出來」。〔註61〕胡氏雖認肯程頤與朱子過與不及之論，但他在對「人欲」的基礎定義上，則又與朱子有所差異，朱子曾言：「欲是情發出來底。心如水，性猶水之靜，情則水之流，欲則水之波瀾，但波瀾有好底，有不好底。欲之好底，如『我欲仁』之類；不好底則一向奔馳出去，若波濤翻浪；大段不好底欲則滅卻天理，如水之壅決，無所不害。孟子謂情可以為善，是說那情之正，從性中流出來者，元無不好也」。〔註62〕朱子是認肯「欲」是有所謂善的，即「我欲仁」之謂。然而在胡氏來看，凡是言到「人欲」則已經與「天理」脫離，胡氏對「欲」

〔註58〕（明）胡居仁撰、馮會明點校：《胡居仁文集·學問》卷二，頁35。

〔註59〕（清）張伯行訂：《二程語錄·遺書二先生語·呂與叔東見二先生語》卷二，頁2-1。

〔註60〕（宋）朱熹撰、陳俊民校編：《朱子文集·答何京叔》卷四十，頁1746。

〔註61〕（明）胡居仁撰、馮會明點校：《胡居仁文集·心性》卷一，頁18。

〔註62〕（宋）黎靖德編、王星賢點校：《朱子語類·性理二》卷五，頁93～94。

的定義則更強調於「人欲」之謂，即所謂「人欲是失其理、動於物、縱於情，乃人為之偽，非人之固有也」。雖然整體上看，朱子謂「性」所指乃「氣質之性」故過與不及之惡，即不可不謂為「性」；而胡氏所指「人性」一開始就從「天命之性」的立基點出發，所以其認「人欲」非人所固有。但即便是出發點不同，也能看到胡氏就「人欲」、「人性」上與程朱歧異之處，尤其是在朱子言「我欲仁」之時，胡氏在「欲」的界定上則顯得更加嚴格，把「欲」與「惡」做了內在的聯繫。

　　由前所述，進一步來看胡居仁所論「賢愚」之別。如前文所指，其認為人物從天理宇宙所原有的稟得之物，應當只有「理」、應當只有「本然之性」（天命之性）而已，而他的賢愚問題也由此出發：

> 理無不善，所以發而為陰陽五行，以生人物者，氣也。其交感錯綜，益參差不齊，而清濁偏正，於是焉分，而賢愚善惡出矣。雖有賢愚善惡之分，然本然之善，未嘗不存乎其中。但賢者因其氣之清，而能明其理，有其善；愚者，因其氣之濁，以蔽其理。而失其善，流於惡矣。〔註63〕

胡氏在賢愚之別的議題上納用了程朱「氣質蒙蔽」論，如引文中言「賢者因其氣之清，而能明其理，有其善；愚者，因其氣之濁，以蔽其理。而失其善，流於惡矣」，這都證明胡氏肯定賢愚之別的問題，且此問題來源則建立在氣的交感錯綜、參差不齊、清濁偏正的不同。此外，他亦認為賢者確實是天生稟其清明之氣，故能明於道理；而所謂駑愚之人，則因昏濁之氣所蔽，是故容易失其善，而流於惡。但是在此之中，這些關係也並非如宿命論般消極，駑愚之人也有天生純善之性，故其言「然本然之善，未嘗不存乎其中」。如在〈經傳篇〉就曾言：

> 孟子言性善，是指本原之理而言。程子兼清濁美惡，二者皆是也。論太極本然之理，以為生物之主，安有不善？論動靜陰陽，錯綜交運，安得不有清濁美惡之殊？知孟子之說，則知吾性之本善，當求復乎此，而堯舜可為也。知程子之說，則知人不善者，乃氣質之偏，當變惡為美，以致克復之功，其有功於聖門，有功於後學，非淺也。
> 〔註64〕

〔註63〕（明）胡居仁撰、馮會明點校：《胡居仁文集・心性》卷一，頁18。
〔註64〕（明）胡居仁撰、馮會明點校：《胡居仁文集・經傳》卷八，頁109。

由此可知，胡氏更肯定了人物之生，雖有氣稟賢愚的殊別義，但是既然人物初生，本就稟同堯、舜一般之「性之本善」，那麼就應當以變惡為美為人生之大任，盡其克復之功、盡其吾身之本性的道理，使求復返本性之善與聖人同歸於一。到此，則更能確立胡居仁此種篤行踐履之工夫論思想，也肯定了胡氏其後工夫論的論點，並為其後的居敬、窮理、操敬、立身的方法論立下了基礎。

二、心

（一）心之概說：心具眾理且心與理一

宋明理學中，首先將「心」確切地予以界說者係為張橫渠，張子認為「心」有總括形上宇宙界與形下物質界的本質。如其言：「合性與知覺，有心之名。」〔註65〕這裡不難看出其總括了由形上宇宙界得來的「本性」，和形下物質界才有的「知覺運動」。其中，張子更首先其出「心統性情者」〔註66〕這一界說，賦予主體「心」具有統攝形上之「性」，與形下之「情」的超越義，確立了「心」這一獨特超然的地位。胡居仁「心」論基礎雖承於程朱一說，但胡氏則是在朱子所設立的架構之上，再予以堆疊與演進，如其學術背景對於哲學三論（理氣、心性、工夫），已然從朱子時代的本體論、宇宙論系統性建構的重視，轉向現實篤行、履踐之工夫論題。單就理氣、心性論而言，胡氏已經開始有意識的偏轉論題重心，宇宙論論題上的削弱，及心性論中對「心」的重視與地位漸趨提高，都顯示了明代對於現實意義重視程度之高，所以就連恪守程朱論題的胡居仁，也不免與其奉為圭臬之程朱有所歧異。胡氏在理氣論比重上的削弱與心性論「心」的地位提高，更重要的意義也是要落實在他最重視的工夫論題與經世論題上，藉由現實中具「實有」性質的「心」，與「心」所有之「獨特」、「超然」性的意義，以此作為個體於現實活動中，履踐實行的基礎，並落實在其工夫論、經世論之中。

胡居仁所謂「心」雖然本質上同於程朱的基礎定義，即「心」者有稟其天理之性於其中，故此天理之性即是所謂「理」。但胡氏對「心」的描述與比重已漸趨提高，儘管在「心」的基礎架構依舊持程朱之論，但從《居業錄》全篇來看，「理」與「心」二字出現次數都為七百餘次，且論「理」與「心」時，

〔註65〕章錫琛點校：《張載集・正蒙・太和》（北京：中華書局，1978），頁9。
〔註66〕章錫琛點校：《張載集・張子語錄・後錄下》，頁338。

在論述的主體與注重點上，都可明顯看出「理」的地位已明顯不如程朱時期，已從關注理作為世界核心準則的所以然之故、所當然之則的焦點，轉移到了「心」作為論述主體。

「心」的論題在胡氏來看，依然以本有純善的天理之性，即「天命之性」做為純善本原，並以此為發明主體且能復返人生之初的內在依據。如其言：

人心全是天理，才違理，心便不安，心便愧怍。〔註67〕

人心萬理咸備，無所不有，只要修省得到。〔註68〕

「人心」因稟受天理所賦予之「天命之性」，故所謂「人心」實則本有「萬理」具於其中。也因為如此，胡氏言「才違理，心便不安，心便愧怍」實則進一步的說明，心對於此種違理之事，是有相攝關係的，這意涵著胡氏「心與理之同一性」論點的基礎。其次，胡氏言「萬理咸備，無所不有，只要修省得到」，這裡已經牽涉到工夫論。實則與前文所論，明初理學家在談論「心性論」一說時，本質上都是為了服務於工夫論之觀點不二。其中所攝之義，更是為了表明踐履於現實活動上的準則意涵。所以胡氏在講述「心」與「理」的關係之時，已不再像宋代思想者家（如程子、朱子），特意明顯的界說抽象型態上的「心」與「理」，反倒將「心」與「理」的關係以更現實的角度切入於論題之中。

前論也能看出，儘管論述主旨在表明「心」、「理」的同一性，但「心」則是在論題當中以主體的地位存在。胡氏論「心」與「理」時，往往能明顯看到「理」服務於「心」的意味，甚至說「理」為「心」之附屬，儘管「理」應先於「心」，但注重現實層面的他，已經把宋人關注整體天地宇宙所推崇的「理」，置放於與現實層面涵攝較深刻的「心」之下。

又如胡居仁在〈心性篇〉所論：

心具眾理，所患者紛亂放逸惰慢，故須主敬。主一無適，所以整其

紛亂放逸；整齊嚴肅，所以救其惰慢。此存心之要法也。〔註69〕

「心」涵攝眾理，但大部分的人並不能時時提斯，所以胡氏論「心」有時也搭配著自己的「主敬」修養法門相持。意味著論題的重點在於現實的活動上。

其次，胡居仁對於其「心與理之同一性」其論點如下，茲言道：

〔註67〕（明）胡居仁撰、馮會明點校：《胡居仁文集·經傳》卷八，頁114。

〔註68〕（明）胡居仁撰、馮會明點校：《胡居仁文集·心性》卷一，頁15。

〔註69〕（明）胡居仁撰、馮會明點校：《胡居仁文集·心性》卷一，頁16。

> 吾儒則心與理為一，故心存則理明，心放則理昏；釋氏則心與理二，
> 故心雖存亦無理，儒者用戒謹恐懼而心存，是敬以直內，萬理俱在，
> 而遇事尤加敬慎，故心與理不離。釋氏則屏絕思慮事理，使不撓吾
> 心以為存，惟無事時如此做得，事來一撓便亂了。是他心存時已與
> 理離而為二，因心與理二，故一動便亂。或謂釋氏有體無用，予以
> 為正是他無體，故無用。〔註70〕

胡氏借釋氏「心」、「理」不為「同一」的性質來闡述其自身「心與理一」的觀點。對胡氏來說，「心」跟「理」的一致性是極其重要的，上引文可以解讀出兩個胡居仁的重要觀點。其一，「心」跟「理」的一致性對這時的實踐型思想家而言，是非常重要的一個指標，其中一點就是與佛家的思想做一分水嶺，以確立出思想本質分明的界線；其二，因為「心」與「理」一致性、同一性的基本準則，所以對於「心」的把持操守是極為重要的，所以胡氏才以「戒慎恐懼」、「敬以直內」來操持此心體。而從此點也能發現，「心」對於胡居仁來說是有「主動」的性質存在，而所謂「理」則已然偏於「被動」，在「心存則理明」與「心放則理昏」就更能看出這一論點的存在。

此外，在〈心性篇〉中胡居仁也曾言：

> 心、理不相離，心存則理自在，心放則理亦失。理明則心必明，心
> 明則理亦著。存心窮理，交致其功方是。〔註71〕

雖然其中有所謂「理明則心必明」看似又讓「理」回歸主體，但是此句之論，筆者認為只是如所謂「天命之性」，這種「心體」本有的「天然純善本性」，只是做為後續對於「心」在應接事物之時，其氣質之性不論是否有所偏滯，只要「心」能操持存養，都能天理澄明而為聖賢的可能做補充而已，「心」的主體意義還是高於「理」許多。而此引文中「必」一字，則應當解為「心」之「本有的可能」，即是「心」因為所本有之純善「天理」，而此「心」必有澄明的可能。其後「心明則理亦著」所用「亦」一字，則更能看到以「心」為主體的論述，且也展現了「心」與「理」的同一性原則。

總而言之，胡氏雖然強調「心理一體」、「心理同一」的架構，但是其中的意涵本是為了使「理」的積極性質，不離不雜的附於具有現實主體意義的「心」之上，如其言：「先儒言人之為學，心與理而已。三代之治，順理者也。

〔註70〕（明）胡居仁撰、馮會明點校：《胡居仁文集·心性》卷一，頁 16。
〔註71〕（明）胡居仁撰、馮會明點校：《胡居仁文集·心性》卷一，頁 15。

心與理本不相離，逐物欲則離矣，異端則離矣。聖人則心與理一也，賢者何於一也。」〔註72〕雖然此言看似把「心」與「理」視為同一地位，但其實「理」的本善與積極意涵，也僅是為了使「心」在主體的能動意義上有所依據，最重要的還是為了服務於現實世界中，在為學工夫的履踐上能做到「端莊整肅而不為物欲所離」、「盡學聖賢而不為異端所惑」。故此二論點與其餘諸多論題都一再顯示，現實主體人的地位提高（意即「心」的地位提高），與現實主體工夫實踐上的重要性，才是胡氏在論「心」與「理」關係時所關注的焦點，此也正是其與朱子不同之處。

（二）心之能動、神妙性與主宰性

對於胡居仁「心」的能動表現、超然主宰的論述，在其《居業錄》中所言甚多。從前述論點來看，胡氏賦予「心」有超然主宰與能動神妙的性質，這也是必然的。更應該說，從胡氏對於「心」論題比重上的增加與注重，並更加關注於現實主體的自主意義。所以，賦予「心」能動、神妙與主宰的超然性質，不僅是人為聖為賢的所以然之故，更是學者所應遵循之當然之則，這也符合胡氏思想上最終要落實在「主敬修持」、「敬以涵養」、「讀書窮理」等一系列成賢工夫。

承前所述，胡居仁做為履踐之重視者，其將朱子看重形上義分別的理氣心性諸論，轉向為現實、形下意義的主體與工夫內容（當然，朱子論「心」也有涵攝此一觀點，但是朱子的論題焦點，並不像胡氏有所偏重，又或者把焦點放在形下現實、實質意義上）。如以其看重的「持敬」為例，因為此「心」能「敬」能「存」，理所當然的，「心」在這些工夫論的意義之下，必然有「主動」、「超然」、「神妙」、「主宰」之性質，這是必須也應然如此。如其所言：「心有存主，即能宰制萬物」〔註73〕、「心雖主乎一身體之虛靈，足以管乎天下之理，理雖散在萬事，用之微妙，實不外乎一人之心。知此則內外體用，一而二，二而一也。」〔註74〕都在在說明其對於「心」絕對、獨特性的觀點。而對於「心」的神妙、能動性，其言：

> 心體本全元無虧欠，或為昏氣隔塞，或為舊習斫喪，所以要涵養者，
> 只要養完此本體，則天德自全。身行一日，不過百里，所立不過十

〔註72〕　（明）胡居仁撰、馮會明點校：《胡居仁文集・心性》卷一，頁15。
〔註73〕　（明）胡居仁撰、馮會明點校：《胡居仁文集・心性》卷一，頁17。
〔註74〕　（明）胡居仁撰、馮會明點校：《胡居仁文集・心性》卷一，頁15。

二時。心則頃刻千萬里，頃刻千萬歲。蓋身則梏於形氣，心則通乎

神也。〔註75〕

「心體本全元無虧欠」這也就意即「心體」天然所稟受「天理」，且與此賦得
之「理」有同一之性質。但其後所言「或為昏氣隔塞，或為舊習斫喪」也說明
了「氣質蒙蔽」的概念義，也因為「心」會有被昏氣所隔塞，或為舊習所斫
喪。這也代表著，做為主持一身的「心」將有除昏去蔽的能動義存在，故胡氏
言「所以要涵養者，只要養完此本體，則天德自全」這不單只是一工夫論上
的論點，更應該注意的是，其中所行「涵養」實含有主動、積極的意義。也因
為「心」本有主動且能動的性質，才能做到其後所言「天德自全」的至道之
路。其次，胡氏在此又說明了「心」的靈妙、神妙之性質，從「空間」上來
看，現實的身體日行一日，不過只能到達百里之地的地方；而從「時間」上來
看，其言「所立不過十二時」，亦代表著人之一日，也不過只有十二時辰可以
擁有與利用，這也說明了人身所被賦予的「限制義」；但相反的，「心」本是靈
妙、神妙之物，故其「頃刻千萬里，頃刻千萬歲」，也說明了「心」能超脫時
間與空間上的限制。「心」的神妙之處就在於所思所念之地，所思在異國千萬
里之處，於此同時即在千萬里之處所立；所思在太古千萬歲之處，於此同時
即在千萬歲之處所立。故最後胡氏言「蓋身則梏於形氣，心則通乎神」也確
立且肯定的表明，其對於「心」能窮神知化、神妙靈動的性質。

　　承前述胡氏對於「能動」、「神妙」性之論述，其對於「心」的性質當中還
有「主宰」的性質所在，茲言道：

　　　為物欲所勝者，皆是心不能做主也，處事不得其宜者，亦是心失其

　　　職也，此涵養省察之功當盡也。〔註76〕

　　　心有主，雖在鬧中亦靜，故程子以為金革百萬，與飲水曲肱一也。

　　　然必知之深，養之厚，心方不動。〔註77〕

「心」是主乎一身的唯一主體，所以當「心」這一具有主宰體不能有所堅持
時，即是此文所謂「為物欲所勝」抑或是「處事不得其宜」。但是胡氏認為，
此二事並非如天生「氣稟」一般，是不可管控、管攝的。如其所言「皆是心不
能做主」、「是心失其職也」。「心」的功能不僅只是「知覺運動」，更重要的是

〔註75〕（明）胡居仁撰、馮會明點校：《胡居仁文集‧心性》卷一，頁15。
〔註76〕（明）胡居仁撰、馮會明點校：《胡居仁文集‧心性》卷一，頁16。
〔註77〕（明）胡居仁撰、馮會明點校：《胡居仁文集‧心性》卷一，頁17。

能主宰一身之體的所行之事，就是因為「心」有這獨特的主宰義，故胡氏認為要使這主宰符合道理本原，應當行「以涵養省察之功」，這也連結著胡氏的工夫修養論，其意義在於對「心」能有所積極、正向的把握。若能把握此「心」、操存省察此「心」，即所謂「有主」。故能行其所聖人之道，即所謂「鬧中亦靜」、「心方不動」。外在環境雖混雜不明，亦即「鬧」也，但因「心」有所存主，故亦如在「靜」中深潛；應接的事物固然昏濁不清，亦即「亂」也，但此「心」知之深且養之厚，故能在「亂」中「不動」。

其次，關於胡居仁對「心」主宰義上的其他論點，亦言：

> 心無二用，只要所趨正，窮理明，力行篤，則心無所放，而仁在其中矣。〔註78〕

> 放心是逐物於外，惕然警懼，則即此而在矣。是知戒謹恐懼，乃存心之要也。〔註79〕

> 涵養本原與窮索義理，實交相涉。蓋人心只有許多義理，更無別物。

> 涵養既至，則天理自明；窮理既精，本心愈安也。〔註80〕

上述引文，都是對於「心」之主宰的問題所言，如首句先說明「心」的獨一性，因為其獨一的特徵，只要此心能主宰得當，「所趨正」、「窮理明」、「力行篤」則必當使心有所存主，而無有所放失。次句則論放心之何為，與主宰之行為為何者，乃為存心之道，故胡氏認為放心即是逐物於外，故只要主宰此心於「惕然警懼」、「戒謹恐懼」此二法，則能有所存心，即能對於「心」的主宰義上，有更強勁的主動權。最後，末句則繞回「涵養」（內）與「窮理」（外）對於「心」之主宰的意義。故胡氏言此二者看似一外一內，相互牴觸，實則互有「相攝」。其原因認為，若「心」能「涵養既至，則天理自明」，也亦即在主宰的過程，能以「涵養」之方至極其「心」之本體，那麼所要復返之天理，實已自然澄明在前；若「心」能「窮理既精」則「本心愈安」，實則也亦即在主宰的過程，若將「窮理」之法至精於所應接之事，那麼本來所應得的道理本源，則能在這「主宰至道」的過程中，使「心」之本體，都接於至極的道理，故「本心愈安」。

總而言之，從胡居仁對「心體」積極義上的肯定與描述，也能對比其做

〔註78〕（明）胡居仁撰、馮會明點校：《胡居仁文集・經傳》卷八，頁107。
〔註79〕（明）胡居仁撰、馮會明點校：《胡居仁文集・心性》卷一，頁17。
〔註80〕（明）胡居仁撰、馮會明點校：《胡居仁文集・心性》卷一，頁16。

為明代程朱一系與宋人的差異。從他對「心」賦予更為「主動」、「積極」、「超越」、「主宰」等論述來看，即使「理」在其思想體系中，依舊沿襲著程朱體系中至高的存在，但當「理」下貫到現實意義的「心」中時，對胡氏來說，「理」已不再有所發明。胡氏論「心」不再過多強調具於其中的「理」，反而著重在「心」能超脫時空的超然意義、與「心」跟「涵養工夫」的現實意涵。這種強調「心體」的論點筆者也引述陸王之論做對比，如陸九淵曾言：「人皆有是心，心皆具是理，心即理也。……所貴乎學者，為其欲窮此理，盡此心也。」〔註81〕「陸王」一系的「心」本是其本體論的核心，故所謂「盡此心」則能盡得道理本原；又王守仁曾言：「虛靈不昧，眾理具而萬事出，心外無理，心外無物」〔註82〕、「心之本體，原自不動。心之本體即是性，性即是理。性元不動，理元不動，集義是復其心之本體」〔註83〕、「夫物理不外於吾心，外吾心而求物理，無物理矣。……晦庵謂人之所以為學者，心與理而已。心雖主乎一身，而實管乎天下之理；理雖散在萬事，而實不外乎一人之心」。〔註84〕從早先於胡居仁的陸九淵與晚出的王守仁來看，胡氏在本體論的偏重上，似乎已漸趨陸王的這一脈絡，這也說明了心學這種以「心」為本體的發展，雖然看似與程朱以「理」為本為相對之論，但從胡氏的角度出發（背景與注重現實工夫的發展），其實也能發現「理本論」到「心本論」發展實為連鎖關係，並不應當視為哲學脈絡上割裂分別，又或者是兩相矛盾之論。即使胡氏本恪守程朱之論，但因為更強調做為人在主體上的自覺與積極性，且著重於現實履踐的工夫修養，故與現實活動相關的「心」，在哲學論題上地位的提高，實乃必然之路徑，又胡氏在思想中形上系統的削弱與比重的降低，更能發現這一發展趨勢。

（三）心正、心存則內外合一

在宋明理學中，無論是程朱或是承繼其後的胡居仁而言，「心」都有著獨特的地位，主體所有之「心」有著統合內外的特殊意義。儘管胡氏在系統的

〔註81〕（宋）陸九淵撰、（明）王宗沐編、楊家駱校編：《陸象山全集·與李宰》（臺北：世界書局，1990）卷十一，頁95。

〔註82〕（明）王守仁撰、（清）葉鈞注、王雲五校編：《傳習錄·門人陸澄錄》（臺北：臺灣商務印書館，1965）卷上，頁37。

〔註83〕（明）王守仁撰、（清）葉鈞注、王雲五校編：《傳習錄·門人陸澄錄》卷上，頁64。

〔註84〕（明）王守仁撰、（清）葉鈞注、王雲五校編：《傳習錄·答顧東橋書》卷中，頁108。

基礎上秉持著朱子一路，但兩者所看重的角度卻有所不同。對胡氏而言，把「心」的主動意義提高，是「心」在初始狀態，即應接事物之前或應接事物之時，其本秉持操存、涵養。故而對於外在事物，其所行之事則自然能做到合於天理的意義；而「對外而言」若是人之行為容貌，能莊重持敬、嚴威儼恪，那麼自我之「心」則自然能有所存正，而此「心」存正所行之事則理所當然的，符合於天理大道。且兩者應視為相互涵攝、並進之關係。

如以外在容體與內在之「心」的關係為例：

容莊則心正。〔註85〕

未有外貌不莊心能一者。〔註86〕

人莊敬，體即立，大本即在。不然則昏亂無本。〔註87〕

外在的容貌能有所持重，內心的想法則自然存正，故其言「容莊則心正」。此外胡氏更加肯定，普天之下未有容貌不莊敬持重，而心卻能與天理同一者。故其言「未有外貌不莊心能一者」，正如《孟子・盡心》所言：「君子所性，仁義禮智根於心。其生色也，睟然見於面，盎於背，施於四體，四體不言而喻」，〔註88〕一個人如果連外在的自我個體，都不能做到莊重把持，那麼基本上也能推定，此人內心必然是昏亂紛雜，不能與天理同一之「心」。故胡氏所言，人若外在莊敬「體則立，大本即在」，若是人之個體無法做到此一基本的外在把持，即是所謂「無本」，而無本也亦即著內外在昏亂紛雜不勘，沒有大本鼎立於自身。

其次，如以內在主體之「心」嚴謹純正與否，與外在發用的關係為例：

本心不純者，發用必偏，此內外一致處。〔註89〕

言者，心之聲；事者，心之跡。心正時言必不差，事亦順理。〔註90〕

人心公，便與天地同體；才私，便與天地萬物睽隔。〔註91〕

對內而言，如果自我的本心本來就無有持正，或是內心邪佞不純。那麼其所

〔註85〕（明）胡居仁撰、馮會明點校：《胡居仁文集・心性》卷一，頁17。

〔註86〕（明）胡居仁撰、馮會明點校：《胡居仁文集・心性》卷一，頁17。

〔註87〕（明）胡居仁撰、馮會明點校：《胡居仁文集・心性》卷一，頁17。

〔註88〕（宋）朱熹撰：《四書章句集注・孟子集注・盡心上》（臺北：大安出版社，1996）卷十三，頁497～498。

〔註89〕（明）胡居仁撰、馮會明點校：《胡居仁文集・學問》卷二，頁30。

〔註90〕（明）胡居仁撰、馮會明點校：《胡居仁文集・心性》卷一，頁17。

〔註91〕（明）胡居仁撰、馮會明點校：《胡居仁文集・心性》卷一，頁18。

行之事,即是此邪佞之心的發用,故此發用必然有所偏頗不正;對於外在而言,言者、事者因為都是「心」之發用所為之事,所以說,若是本來內心即有所純正,固然其發用之事必能合於道理,即使不能真正達到天理的意義,也必然不偏於正道;最後,胡氏更加強調「心」做為內外統體之物,所處之超然地位與重要性,而「心」更是主體內外合一的關鍵因素,其以「心」做為能否與天地萬物同體做連結,若是此「心」公,則與天地萬物同體,順自然道理本原而行;若是此「心」私,則與天地萬物絕斷,與道理本原相去甚遠。又如其曾言「心存則處事當理。事得其理,則心益存,所謂內外一致,心跡不分。」〔註92〕「心」所存養之純正、公私之內在因素,實與外在發用交相合一。此段言論更可認其對於「心」這一主體有著比程朱更高的統攝涵義,將主體與「理」的同一以「心」之公私做分野。也能回歸前論所提,胡氏的「心」已漸趨「主動義」,而「理」已漸落於「被動」。

總結胡氏對於「心論」之整體意涵,也能由其言論可得,其言:

> 離內外,判心跡,此二本也。蓋心具眾理,眾理悉具於心,心與理一也。故天下事物之理雖在外,統之在吾一心。應事接物之跡雖在外,實吾心之所發見。故聖人以一心之理,應天下之事,內外一致,心跡無二。異端虛無空寂,此理先絕於內,以何者而應天下之事哉!由其專事乎內,而遺其外,不考諸跡,而專求諸心,厭棄事物之理,專欲本心之虛靈,是分內外、心跡為二本矣。愚嘗思之,內外、心跡終二他不得。空則內外俱空,實則內外俱實;有則內外皆有,無則內外皆無;是則心跡皆是,非則心跡皆非;正則心跡皆正,邪則心跡皆邪。固未嘗二也。〔註93〕

心本涵具眾理且心本與理為同一,又因心實則有統攝內外之能,不應有所分別,所以說天下之「物理」雖然離散在各個事物之上,實則這些外在物理的道理本原,是統歸於自我的內心。儘管如此,胡氏在此也強調,對於外在物理也不應當有所摒棄,應當是從應接事物之上,考其諸跡辨明道理,即使對胡居仁來說「心」的地位與內在意涵已漸趨提高,又或者已有幾分心學之謂。但與心學所偏向不同的是,胡氏立論宗旨依然是強調「內外一致」為核心論點。如果說程朱偏向的是外在物理上的博覽而後約,以格物窮理而修身達道;

〔註92〕(明)胡居仁撰、馮會明點校:《胡居仁文集·經傳》卷八,頁99。
〔註93〕(明)胡居仁撰、馮會明點校:《胡居仁文集·心性》卷一,頁15~16。

陸王是偏向在內在主體中道理盡在我，以靜坐涵養而發明本心；胡氏則是由程朱重視外在應事之理，兼合陸王發明內在道理之心。亦或可以說，胡氏是由程朱外在窮理應事的看重，因其所處之學術背景，漸漸過渡到陸王的發明內在。若由哲學演進的脈絡來看：程朱→胡居仁（其同門陳獻章）→王陽明也能看出，因為時代上的推移，內在本體的重視也相對提高（胡居仁其同門陳獻章則更是被喻為心學之開端）。儘管如此，胡氏雖然把「心」的地位提高，但這不能說其減弱了程朱外在格物窮理的核心要點，應該說其在程朱外在格物窮理的論題上，再進一步演進與精鍊，並從朱子廣泛的格物窮理範圍中，更加精煉其中某些論題，以與心學思潮漸趨蓬勃的明代學術背景做抗衡。

（四）胡居仁「心」之特點

綜上所論，胡居仁做為明初思想家之大儒，從其「心性論」的諸多內容也能發現，這個時期的思想家對於宋人的思想論點之重心，已經有很明顯偏重程度上的不同，從程朱對於外在物理上的探求，或是朱子對於「心」的抽象概念界說，到明初胡居仁對於「物理」的問題，已經將其合於「心」之現實論題上的脈絡。也因將現實「物理」合於「心」，故其對於「心」的各種抽象概念、形上界定都開始有所轉向，從上述論點也能發現胡氏更看重的是「心」在現實世界上的實用性。從這一脈絡來看，就如筆者在第一章所論，「朱學陸學化」這是一必然趨勢，更應該說從「理學」到「心學」這一變化，不應只是所謂「朱學陸學化」的前導變化而已，筆者認為應當視「陸學」、「朱學」與其所涵蓋範圍更大的「理學」、「心學」看作是同一條學術路徑上的縱向變化，這條脈絡它並不是分支且殊途的，應當同一且不斷內化演進的。又如張岱年先生對理學的三面向所述：「本根論三類型，實相生互轉」〔註94〕、「宋代以來的本根論演變之環，是由氣論而轉入理氣論，由理氣論而轉入主觀唯心論，由主觀唯心論又轉入氣論」〔註95〕。實則，不同理論之間，它們都是互相交攝且一起演進與轉化的。如本研究中的胡居仁，雖秉彝著朱子的理本論為其思想核心，但不難看出其思想論點，已從朱子純粹的理本論，開始偏轉為以「心」為重點、主體偏向在「心論」的趨勢了。

而對於胡氏「心性論」上的特點，筆者條列四點以此概述：

〔註94〕張岱年：《中國哲學史大綱》（臺北：藍燈文化事業股份有限公司，1992），頁152。

〔註95〕張岱年：《中國哲學史大綱》，頁152。

其一，如對於形上「道心」與形下「人心」之間的關係一論，在其《居業錄》中僅有一條目提到，茲言道：「滿腔子是惻隱之心，則滿身都是心也，如刺着便痛，非心而何然，知痛是人心，惻隱是道心。」〔註96〕「人心道心」的議題筆者認為因所涉及乃關於「天理」、「人欲」，這種著重於整體世界的論題，因較不強調主體的超然意義，所以胡氏已經把朱子在這論題上的重視予以降低，且在其《居業錄》中也僅此談及一次而已。且就此唯一言及「人心道心」之條目來看，其所攝之義也僅是將「人心」比擬為人之「知覺」；將「道心」比擬為人之「天然本性」，顯然與朱子所論之重視程度與內涵意義有所不同，但此部分因為能列出的舉證不足，也不能將胡氏關於「人心道心」一論直接定案，故而此一論題筆者僅在此中概述其與朱子差異而已。

其二，對於朱子所重視「心統性情」一論，胡氏所建構之內容與重視程度也低於朱子，更應該說明代思想家本就對哲學理論的建構上已漸趨薄弱。且胡氏本就於程朱言論上予以演進與發明，所以對於哲學理論的架構，其基本上則以程朱立論為主幹脈絡。就細部內容而言，胡氏有較明顯對於「情」的界定則謂：「意者，心有專主之謂。《大學》解以為心之所發，恐未然。蓋心之發，情也。惟朱子《訓蒙詩》言『意乃情專所主時』為近。」〔註97〕認為「心」之發用屬於「情」。雖然從其《居業錄》中的諸多言論可以明見，其思想概念的本質與基礎理論，與朱子對於「心」、「性」、「情」的關係大體相當，如以「心」為人身之至高主宰，並能統攝性情，但是基本上都是屬於間接性的言論。且因為常以程子、朱子之言再予以轉述，故有時其「心」、「性」、「情」三者的關係又同於程子「統合為一」之說，與朱子「心統性情」之「三者統一實有分別」之說又有所分別。但因為明初思想家對哲學理論的建構本不如宋儒嚴明，他們更強調的是「心」在現實活動上的應用，與其所能帶來之行事準則，故而對於形上的抽象建構，並不如宋儒有明顯界說。相反的，明初思想家（如以胡居仁為例）為了在工夫修養論上有所發明，則是認先賢之哲學建構完備而不予改易，反而將理論中的特定內容再予以演進與變化，如胡氏對於「心」之論題中，將「心」與現實世界連結的內容與程度提高，更強調在主體之「心」的概念與意義，把「心」與形上抽象之內容的重視與建構意涵比重減弱，將重心轉向了形下現實世界的關注，並予以建構出「個體」—「心」

〔註96〕（明）胡居仁撰、馮會明點校：《胡居仁文集·心性》卷一，頁17。
〔註97〕（明）胡居仁撰、馮會明點校：《胡居仁文集·經傳》卷八，頁93。

一「社會活動」三者相交相致的連鎖關係。

其三，對於「心」的所以然之故（即理氣同體構作，「心」能超然、主宰之所以然之故）也不再強調，反而是強調主體之「心」在現實世界中，實有意義上的施行內容與意涵。其言：「理與氣不相離，心與理不二，心存則氣清，氣清則理益明，理明氣清則心益泰然矣，故心與氣須養，理須窮，不可偏廢。或曰：『修養家之養氣同否？』曰：『修養家所養，乃一身之私氣，私則邪矣。』『惡人氣亦盛，何也？惡人乃惡濁齷暴之氣，血氣之私也，若清純剛直，乃正氣也。』嘗驗之存心，密則齷暴昏濁之氣自消，理直則剛大之氣自生。心也，理也，氣也，二而一也。正則俱正，邪則俱邪。」〔註98〕雖然此部分對「理氣」與「心」之關係有所提及，但主要則是對實有之「氣」與「心」放諸於現實中，交致而成的相對關係做探討。

其四，明初的思想家，對於形上的抽象界定與建構雖不如宋儒詳細，取而代之的則是主體在社會活動上的踐履性、實務性。也因為著重在現實活動的部分，以胡居仁來說，不管是「理氣論」還是「心性論」都可以明顯看出其界定方面的削弱與比重上的降低（但在「心」的部分則相對提高），且此二部分因以宋人所架構之基礎，作為其自身的思想元素。但他們因為把焦點放在「主體之心」、「現世實用」、「工夫修養」方面上，故沿襲宋儒形上哲學的概念，反而使他們在實用性質的履踐上有所發展。所以在胡氏「心論」的部分，對於能應用於現世——心與內在外在之效用關係，也多有所講明，故而《明儒學案》中也以其工夫論中「主敬」之思想，做為其特色。

第三節　胡居仁對程朱學系之繼承與轉化

在《明儒學案》記載關於胡居仁〈崇仁學案〉中，對於胡氏理氣之論述，其中有一條是這樣說的：「『有此理則有此氣，理乃氣之所為』是反說了。有此氣則有此理，理乃氣之所為。」〔註99〕近世學者部分認為是黃宗羲記載訛誤，部分學者則認肯黃宗羲此種說法。〔註100〕綜觀胡居仁的理氣論可知，胡

〔註98〕（明）胡居仁撰、馮會明點校：《胡居仁文集·心性》卷一，頁16。
〔註99〕（明）黃宗羲：《明儒學案·崇仁學案二》（臺北：世界書局，2009）卷二，頁10。
〔註100〕部分學者認為記載錯誤並非無理可據，依據現傳能見的《居業錄》當中，綜觀其內容並沒有這一條目。且黃宗羲所載之內容本非出於自己推斷，而是就

氏的理氣論是嚴謹服膺於程朱一系，但從前文所整理的胡氏理氣路數來看，顯然這一條目與朱子「理先氣後」之說不盡相同。對此，筆者對於此論點做了以下整理：

首先我們先對理本論做一梳理，從這一條目來看，這一問題正好是程朱一系的理本論者中，相對於現代哲學理論中被認為誤區之處，程朱一系的理本論

當時黃宗羲所能見及之《居業錄》內容而載，所以有些學者認為，可能是黃宗羲在記錄胡居仁《居業錄》中重點條目時有所出錯。另外一個有理可據的原因則是，就筆者前文中對胡居仁理氣論的解析，胡居仁並非如後來的羅欽順以「氣」為本，胡居仁是一位嚴謹恪守程朱的理本論者，這些證據都成為認黃宗羲記載訛誤之證據。承接上述，胡居仁理氣觀之內容，有學者以這一條目作為依據，僅以此單一證據認胡居仁有「氣本」思想，筆者認為尚屬可疑。如鄭宗義〈明儒羅整菴的朱子學〉中，認為羅欽順「氣本」思想在哲學脈絡的演進上，有前儒作為鋪墊如：薛敬軒、胡敬齋。論及胡居仁時其言：「至於理氣不分而反過來突顯氣為可界劃出理之表現者，此義胡敬齋見得到。其言曰：『『立天之道，曰陰與陽』……仁義，理也，具於氣質之內，三者分殊而理一。』、『有此理則有此氣，氣乃理之所為。是反說了。有此氣則有此理，理乃氣之所為。』『有此氣則有此理，理乃氣之所為』不能不說是整菴『理只是氣之理，當於氣之轉折處觀之』、『理須就氣上認取』等說之先導。」筆者認為，後者之證據僅載於《明儒學案》，卻未見胡居仁個人著作之《居業錄》，故因有待商榷。且綜觀胡居仁《居業錄》之內容，不僅此關於胡居仁「氣本」之條目沒有載錄，關於理氣觀之部分，也都顯明見及其承繼程朱理氣核心之骨幹。縱然第二個沒有載錄於《居業錄》之條目捨棄不言，關於第一條目，鄭宗義先生即認胡居仁「順理氣不分」、「反過來突顯氣為理之表現」也實屬可議或有過分解讀之虞。畢竟胡居仁此言：「『立天之道，曰陰與陽』，陰陽，氣也，理在其中；『立地之道，曰柔與剛』，剛柔，質也，因氣以成理；『立人之道，曰仁與義』，仁義，理也，具於氣質之內，三者分殊而理一。」仍是承襲朱子（可見於《朱子語類·說卦》）。不過筆者並非全然反對，關於第二條目「有此氣則有此理，理乃氣之所為」之條目不為胡居仁所言。此處所批評鄭宗義先生之內容僅就兩點：其一，認胡居仁有主氣思想並為後來的羅欽順鋪墊，應屬可議。（胡居仁倒底還是理本論者，可以說胡居仁可能已注意到「氣」的重要，但不能將其放大以氣本觀為主，甚至成為氣本論者羅欽順之先導。且從文本上比較來看，薛敬軒對「氣」的注意與著重實則比胡居仁更加深遠）。其二，雖然筆者認其所舉之第二條目有所偏頗，與資料溯源上之問題。但《明儒學案》所載此條目甚有可觀之處，即使現傳於世的《居業錄》當中沒有此一條目，但從時代背景與學說思想背景推斷來看，此一論點若是出自於胡居仁之言也並非不可，此一推斷將於下面的本文中展開。參見黃俊傑、林維杰：《東亞朱子學的同調與異趣·明儒羅整菴的朱子學》（國立臺灣大學出版中心，2006）頁130。（宋）黎靖德編、王星賢點校：《朱子語類·說卦》（北京：中華書局，1986）卷七十七，頁1970～1971。

者將本應從「個別」所共有的「一般」之規律提升至先於整個世界的存在。從程朱的理論我們也能得知他們所謂的「理」,這種本應該是由物質世界的「個別」而「後有」的「一般性」,對程朱而言已經先於「物質」,甚至朱子也曾言「且如萬一山河大地都陷了,畢竟理卻只在這裏」〔註101〕對此,陳來言:

> 一類事物的『理』作為這一類事物的共同本質和規律,不為此類事物中某一個別事物所私有,不以個別事物的產生、消滅為轉移。因此,久已有的一類事物的理對於此類中後來的某個事物來說,可以是『理在物先』,這表現了規律具有的一般性。但是一般不能離開個別獨立存在。一類事物都不存在,它們的理當然也就不能存在,誇大規律具有的這種一般性,認為一類事物產生之前理已存,以致認為一般規律可以先於整個世界而存在,就會導致唯心主義,這也正是理學程朱派所犯的錯誤。〔註102〕

陳來指出程朱一系的理本論者相對於現代哲學中有邏輯脈絡上的錯誤,但這類思想上的問題在哲學演進的道路上,不可能沒有人發現此一問題,尤其是這些以承繼程朱思想為己業的思想家們。所以即使是稟彝程朱理論的大儒者——如薛瑄、羅欽順,後來也都從這一問題出發,並在當時提出與朱子不同的論點,尤其是羅欽順即使以承繼程朱之道著稱,但卻以其獨特之「氣本論」作為其特色。

其二,有關朱子「理氣同異」問題中。朱子論點有兩條路徑,一為「氣質蒙蔽說」,二為「氣異理異說」:

> 按照氣異理異說,人稟得何種氣即稟得何種理,稟得何種氣多,則稟得何種理多,這個說法必然導致只承認有氣質之性,而不能承認有本然之性,本然之性說是與氣質蒙蔽說連結在一起的。氣質的清濁雖然可以蒙蔽性理,但並不影響到性理的完具或欠闕,而照氣異理異說,不善的原因並不是因為氣質蒙蔽了作為性之本體的理,而是由於所稟受的氣質的偏駁本身決定了所稟得的理的偏少。〔註103〕

而對於朱子學說中這兩條的矛盾之處,陳來對此也做了解釋:

〔註101〕 (宋)黎靖德編、王星賢點校:《朱子語類‧理氣上》(北京:中華書局,1986)卷一,頁4。
〔註102〕 陳來:《朱熹哲學研究》頁23。
〔註103〕 陳來:《朱熹哲學研究》頁87~88。

這兩種不同的思想涉及到了本體論上理氣觀的兩種不同立場，如果說宇宙之間，理是作為氣之中的一種實體存在，那麼就自然地導出在人性論上的性之本體和氣質蒙蔽說。如果堅持氣異理異說，那麼推而上之，必然得出結論，即理並不是氣之中的某種本體、實體，而只是氣的屬性，氣的條理。而後一種論點就不是理學的本體論，而近於氣學的氣本觀點了。〔註104〕

從上述所引用的資料也能發現，其實就《明儒學案》中所載胡居仁理氣論點的條目，這是很有見識的，因為此時明代學者已經發現了關於朱子的論點中，有所謂「理」為「氣的條理、屬性」之觀念，而這一想法也由後來的羅欽順所發微（但這不能直接斷言羅欽順為「氣本」思想，只能說羅欽順相對於朱學前賢，展現出了非以「理本」之思想），並以此作為立論的基點。而對於此一對「氣」的關注的論點，也可以從早先於胡居仁活躍的大儒薛瑄（1389～1464）那裡看出一些端倪，薛瑄在其《讀書錄》曾指出「天地萬物皆氣聚散而成形，有聚必有散，雖散有大小遲速之不同，其散一也。」〔註105〕又言：「遍滿天下皆氣之充塞，而理寓其中」〔註106〕、「氣之所在，理隨在焉，夫豈有虧欠間隔哉！」〔註107〕如果說前面兩條還不足以表明薛瑄已有的這種「理只是氣之條理」的思想，那後面的引文則直截了當表明，茲言道：「天地之間，物各有理。理者，其中脈絡條理合當如此者是也」。〔註108〕就薛瑄前三條引文來看，可以說只是單純以論「氣」為主要敘述，還沒有完全牽扯到與「理」的關係，而這也已經屬於薛瑄對「氣」的先導概念，但其後引文對「理」的評述就能發現，薛瑄似有「理為氣之條理」〔註109〕的看法。薛

〔註104〕 陳來：《朱熹哲學研究》頁 88。

〔註105〕 （明）薛瑄撰：《讀書錄》（收入《景印文淵閣四庫全書·儒家類·子部一七》，臺北：商務印書館，1986）卷四，頁 606 上。

〔註106〕 （明）薛瑄撰：《讀書錄》卷一，頁 544 上。

〔註107〕 （明）薛瑄撰：《讀書續錄》（收入《景印文淵閣四庫全書·儒家類·子部一七》，臺北：商務印書館，1986）卷一，頁 718 上。

〔註108〕 （明）薛瑄撰：《讀書錄》卷一，頁 546 上十下。

〔註109〕 此處所謂「理為氣之條理」，抑或是前論中「理為氣之屬性」之概念。主要表現的是一種，相對朱學體系上，以「理」為第一序、「氣」為第二序、「理先氣後」等關於「以理為主」的觀念上之不同，此處更多的是表明一種將「氣」之地位有所提高之論述，而非斷言有此概念之思想家，其思想體系或思想脈絡上即完全依此為本、為主。

瑄著名的「日光飛鳥」〔註110〕之喻也能發現其更加注重「氣」的關係，故而以「氣」之「聚散」來表明理氣關係，雖薛瑄此喻曾被黃宗羲批評「不可為喻」，〔註111〕但筆者認為此部分關注的重點，應當以積極義的面向，觀看薛瑄對於朱子思想中對其核心理論上所做的反響，並不應該因其「失喻」而否定了哲學演進上的轉折軌跡與其脈絡上的改變。〔註112〕筆者引用薛瑄觀點，最主要也是為了證明在哲學史的演進脈絡上，早在胡居仁之先的薛瑄，就已經深刻的注意到程朱體系的問題所在，胡氏貴為明代朱學的後勁他是不可能沒有注意到的，這也就證明了黃宗羲《明儒學案》上對胡居仁理氣觀的記載實有可議之處。但筆者認為依胡氏對程朱體系的熟悉，應當了解程朱體系上根本問題在何處，只是對胡氏來說這種對根本核心上的改變，是無助於自己在當時代所要展現的影響。理由有三：

其一，在前文中筆者曾言在當時代的背景思潮之下，當時儒者們崇尚著前賢所立基的論點，所以對於宋人所建構的本體論、宇宙論他們是不輕易去改易的。

其二，承上所論，這時代的儒者們大多有「不輕著述」的思想觀念，從胡居仁的老師吳與弼（1391～1469）與當時的曹端（1376～1434）、薛瑄等大儒者們也能明顯看出其態度。〔註113〕

〔註110〕（明）薛瑄撰：《薛子道論》（收入百陵學山，明隆慶王文祿輯刊百陵學山本）頁 4-1、4-2。

〔註111〕在張學智的《明代哲學史》中就對薛瑄與朱子思想上交致之處有所點明。參見張學智《明代哲學史》（北京：中國人民大學出版社，2012），頁 15。

〔註112〕蒙培元先生就對此提出重視的看法：「如果認為薛瑄在理氣觀上徹底否定了朱熹理學，建立起完整的唯物主義理論，那也是不正確的。他提出「理在氣中」的思想，在理學演變中具有不可忽視的重要意義，他提出以氣為本的思想，已經具有唯物主義的性質。但他沒有把這個思想貫徹到底，沒有衝破朱熹的理學體系。……更主要的是他接受了朱熹的理本氣末、理體氣用的觀點……在體用問題上，他雖然克服了朱熹體用割裂的錯誤，但並沒有否定理是本體。」參見蒙培元：《理學的演變》頁 271～273。

〔註113〕吳與弼曾言：「嘗歎箋註之繁，無益有害，故不輕著述。」薛瑄也曾言：「自考亭以還，斯道已大明，無煩著作，直躬行耳。」胡居仁自己也有類似言論：「人著書才有一毫為名，便是悖逆天理。古人著書，皆不得已。如未邦陶冶，生民所賴；菽粟布帛，生民所急。若無益於世，著之何用？況詭誕浮華，害於世者乎？」不過胡氏此言重點，主要是對大眾學者們以「功利」、「利祿」之心為本，而行著書之舉的批評。著書、著述只是一種形式，本質上是針對社會氛圍所述。參見（明）黃宗羲著、楊家駱主編：《明儒學案・崇仁學案

其三，胡居仁身處於心學思潮的背景下，他是以程朱為道統，恪守其思想體系的大儒，程朱體系的嚴謹性對胡居仁來說是有著重大意義的，因為其對於心學氛圍所要做的批判，他認為是「為學工夫」上的問題，故而，將焦點聚焦在本體論或宇宙論上的改動，實無助於胡氏推展自己對抗心學思潮的「為學工夫論」與其後所要言及之「經世致用論」。

我們可以從他對其同門陳獻章多次的批評就能看出問題，對胡氏來說他所攻詰陳獻章的論點，莫過於批評其似禪之工夫（靜坐）與其唯心方面（體認本心）的思想，茲言道：

> 公甫天資太高，清虛脫灑，所見超然，不為物累，而不屑為下學，故不覺流於黃老。反以聖賢禮法為太嚴，先儒傳義為煩贅，而欲一切虛無以求道真。雖曰「至無而動」如以手捉風，無所持獲。不若日用間且從事下學，外則整衣冠，正容體，蹈規矩，謹進退，內則主一無適，使無雜擾庶乎內外交養，靜則可以操存，使大本自此而立，動則可以省察，使達道自此而行。〔註114〕

胡氏對陳獻章的批評可看出，這其實就是一種對於心學工夫論的不滿，胡氏認為為學工夫、抑或是人生立命工夫應當是「內外工夫有則、動靜工夫有別」，這是他一生所崇敬的觀點與立身原則，且本質上不超出程頤與朱子所立的核心原則。歸根結柢，胡氏工夫論的核心內容就是從此而出。而對於陳獻章與胡居仁所對立之處，如陳來所言：「陳獻章一派把『敬』與『樂』對立起來，認為主敬常懷戒慎恐懼，就不能得到孔顏之『樂』。……胡居仁認為，孔顏的『樂』是嚴肅切己修養實踐的結果，並不是靠追求『樂』本身所能得到。不去克己，先去求樂，其結果不是流入佛道，遍是猖狂放任。」〔註115〕而陳白沙的這種「自得之樂」與「主靜靜坐」的工夫論，也不免被胡居仁所訾議。

再者，觀其《居業錄》與胡居仁本人所奉行的程朱立身處世準則來看，都可以看到胡氏以程、朱為道統承繼者之意，如其曾言：「自孔孟以後，道莫大於程朱。故其所著作經傳，實能發明聖學，切於學者。今有一等溺於空虛者，好簡捷而厭其煩，務記誦者反惡其多，務訓詁者不過藉以為口說，惟實

一》，卷一，頁1。（清）張廷玉等撰、楊家駱主編：《明史·列傳一百七·儒林一》卷二百八十二，頁7229。《胡居仁文集·古今》卷五，頁70。

〔註114〕（明）胡居仁撰、馮會明點校：《胡居仁文集·復張廷祥書》卷之一，頁157。

〔註115〕陳來：《宋元明哲學史教程》（北京：生活·讀書·新知三聯書店，2010），頁386。

窮理力行者，能識其精切詳明也」〔註116〕、「自孟子後千四百年，無人見得此
道分明。董子見其大意，孔明天資有暗合處，韓退之揣見彷彿，至程朱方見
得盡。自朱子後，無人理會得透徹，真西山庶幾」〔註117〕、「《四書》《六經》
之言，廣大浩博精密，後世無人理會得，至程朱方理會得」。〔註118〕種種論述
都可以見胡氏對於程朱之傾慕仰望，這在前論「理氣論」、「心性論」的引述
當中都能明白的看出這個論點。但即使如此，胡氏對於其景仰的朱子也有批
評的地方，如其對於朱子所註之《參同契》、《陰符經》、《調息箴》甚有微詞之
處，茲言道：「《參同契》《陰符經》，朱子註之，甚無謂，使人入異端去。《調
息箴》亦不當作」〔註119〕、「《參同契》欲關鍵耳、目、口三者，使耳不用聰，
目不用明，口不以言，以完養神氣於內，此但能養一身之私，而棄天下之理。
世之自私者多好之，故害道尤甚」〔註120〕、「人以朱子《調息箴》為可以存
心，此特調氣耳。只恭敬安詳，便是存心法。豈假調息以存心？以此存心，害
道甚矣」〔註121〕從對《參同契》、《陰符經》的批評論述也可以明白，胡氏認
為這對返求聖賢大道是有害無益的，又如其批評朱子註此二書：「故違乎聖賢
大中至正之道，反為學者心術之害。」〔註122〕其中，筆者認為更應該關注的
部分，應當是胡氏批評朱子《調息箴》一論：

> 視鼻端白，以之調息去疾則可。以之存心，則全不是，久必入異教。
> 蓋取在身至近一物，以繫其心，如反觀內視，亦是此法。佛家用數
> 珠，亦是此法。羈制其心，不使妄動。嗚呼！心之神靈，足以具眾
> 理，應萬事，不能敬以存之，乃羈於一物之小，置之無用之所，哀
> 哉！〔註123〕

胡氏此言對於「調息」一詞的評判，恰可視為對朱子《調息箴》一論的批評，
其在此文中，嚴屬的將「調息」這一實踐性的工夫、方法連結到他一直視為
異端的佛家，認為若將「調息」視為「存心」之道時間積累一久，必然落入異
端佛家的羈案本心，使人類本然具有的神覺靈明之心，落入無用的方所之地，

〔註116〕　（明）胡居仁撰、馮會明點校：《胡居仁文集·聖賢》卷三，頁39。
〔註117〕　（明）胡居仁撰、馮會明點校：《胡居仁文集·聖賢》卷三，頁40。
〔註118〕　（明）胡居仁撰、馮會明點校：《胡居仁文集·經傳》卷八，頁129。
〔註119〕　（明）胡居仁撰、馮會明點校：《胡居仁文集·聖賢》卷三，頁45。
〔註120〕　（明）胡居仁撰、馮會明點校：《胡居仁文集·聖賢》卷三，頁45。
〔註121〕　（明）胡居仁撰、馮會明點校：《胡居仁文集·聖賢》卷三，頁45。
〔註122〕　（明）胡居仁撰、馮會明點校：《胡居仁文集·聖賢》卷三，頁45。
〔註123〕　（明）胡居仁撰、馮會明點校：《胡居仁文集·老佛》卷七，頁87。

並以此對比佛家的數息念珠之方。此段敘述也能看出胡氏對於工夫法門上的關注，也正是這一激烈的反應，反映出胡氏對於這種非以「敬」存心、且以「調息」為端正內心的方法嫉惡如仇的思想。

其次，對於朱熹與胡居仁的差異（抑或說明代朱學與程朱本原之差異），又如陳榮捷所言：「從以上四儒（曹端、薛瑄、吳與弼、胡居仁）之論，吾人已確切覺察早期明代新儒學已對形而上學及格物窮理諸論題之知性方面較少興趣；而於心之存養與居敬諸工夫，則較多關注。」〔註124〕而陳來對陳榮捷所提出的論點則言：「陳榮捷先生的這個觀察是很細緻的。其實，朱熹以後的朱學，包括南宋後期的朱子、元代的朱子學派及明代前期的朱子學派，都不是僅僅固守朱熹的講法，他們並不是僅僅為朱熹的繼承者，而都以朱熹為濂、洛、關、閩的總結者，他們所要繼承的是濂洛關閩的整體，因此他們對涵養、存養的強調和關注，並非對朱子背離，而是濂洛傳統本來如是，這是理學本身的特性。」〔註125〕筆者引用陳來與陳榮捷兩人之論實有助於筆者下文中，對於胡居仁工夫論的展開，將其「涵養之敬」的中心思想予以拓展。

最後，綜上所述，又如筆者在第一點所論胡居仁對於「心」的探討（又可以說是心性論上的探討）他從抽象上探討心性論中的「結構嚴謹性」和「功能變化性」的焦點，轉為探討現實作用中「心」落實在工夫論的意義。〔註126〕薛瑄與朱熹對於「心」著重點上的不同，其實也正是胡居仁與朱熹的不同，

〔註124〕陳榮捷：《朱學論集‧早期明代之程朱》（臺北：臺灣學生書局，1982），頁340。

〔註125〕陳來：《宋元明哲學史教程》頁387～388。

〔註126〕此處筆者引陳來論薛瑄與朱熹，在心統性情上的不同來做對比，以探討明代朱學上的轉向：「朱熹只講『心統性情』，重點是講心性論的結構和功能。而薛瑄則從工夫論方面發揮『心統性情』的意義。薛瑄認為，性情有動有靜，所以心對性情的『統』，就應分別對『靜』的狀態的『統』和對『動』的狀態的『統』，也就是分別『心統性情之靜』和『心統性情之動』。」、「心統性情之靜的意義是指，當意識處於靜的時候，情感慾念沒有發作（氣未用事）的時候，保持心的『正』可以使性無干擾地保持其本然之善。氣已用事，即情感欲念發作的時候，意識的狀態由靜變為動，在這種動的狀態下保持心的『正』可以規範引導情感，而不使發生偏差。這裡的『氣未用事』和『氣已用事』接近於未發與已發的範疇，但氣主要是指情感情緒。朱熹提出的心統性情本來也不只是用以說明心性結構的關聯，其中包含的心主性情的思想就是用以說明心在不同意識狀態下的主宰作用。薛瑄著重以心主性情解釋心統性情，把這一點更明確化了，也顯示出明代朱學注重實踐的趨向。」參見陳來：《宋元明哲學史教程》頁307。陳來：《宋明理學》頁215。

這也造就了胡氏雖然在理氣論上稟彝程朱的理路，但是在心性論方面上卻已經有重點上的差別，又因明代學者「注重實踐」的這種趨向，胡氏對於「敬」的發揮也就如同陳來評論薛瑄所謂「情感慾念沒有發作（氣未用事）的時候，保持心的『正』可以使性無干擾地保持其本然之善」和「氣已用事，即情感欲念發作的時候，意識的狀態由靜變為動，在這種動的狀態下保持心的「正」可以規範引導情感，而不使發生偏差」。這種如同「未發」「已發」的相對範疇，這點也由胡居仁加以發揮，所以胡氏論其工夫論或是論「敬」時，往往更看重「未發之敬」（主體未發時的涵養修養）還有「已發之敬」（主體已發時的專意考究）的分別，並且更將敬這種「無間乎動靜」、「貫通未發已發」的思想串聯為一系列他自身特有的論點，甚至相對於未發、已發上的析論上更加看重。胡氏對於這種二而一貫通一體的履踐修養工夫也常常特別提出，深怕當時代的學者支離剝落了貫通而一的思想。故而，其不僅特論未發已發之涵養主敬工夫，往往強調二者沒有孰輕孰重、孰先孰後的分別，實乃二者本一。

第三章　工夫論及其主敬思想

第一節　格致工夫涵義與特色

　　大體而言，胡居仁工夫論的架構，接續著程朱所描繪的框架為基礎，大致可用朱子〈補格物致知傳〉：「所謂致知在格物者，言欲致吾之知，在即物而窮其理也。蓋人心之靈莫不有之知，而天下之物莫不有理，惟於理有未窮，故其知有不靈也」來概括。〔註1〕然而，儘管在架構上依循程朱之論，但胡氏本來立論的目的，是為了匡正當時萌芽的心學思潮所帶來的浮靡學風，這時候與心學體系相對的理學體系之工夫論，因其核心更傾向於現實上直接體證與實行。故而，胡氏的工夫論，一方面以原有的程朱學派架構做為其工夫理路的框架，另一方面則把重點聚焦在能與「心學」、「佛學」做對抗的現實工夫上。在這當中，不只把程朱學派中，泛觀博覽的工夫路數做重點上的精煉，更以「讀書」、「涵養」（特指胡氏獨特「敬」之思想的部分）等特出的工夫法門，做為其演進與繼承程朱思想的兩大重點。在探討其「讀書窮理」則必先要配合胡氏所處之時代背景而論。胡氏對於「讀書」，實包含著他對此時代因「高者入於空虛，卑者流於詞章功利」所面臨的弊病，而提出的方法。相比於宋代，大多數的學者已對古往今來聖賢之書中，本有所發微其中的聖賢德業、經傳旨趣、學問工夫已漸趨薄弱。明代的眾多學者，若以科舉事業為主的卑者，則流於巧計功利之心；若不以科舉事業為重的高者，則流於佛老的空虛無實。胡氏將窮理工夫聚焦於「讀書」，其實也是期望當時的儒者們，能

〔註1〕（宋）朱熹撰：《點校四書章句集注・大學章句》（北京：中華書局，1983，2003 第 7 刷）頁 6～7。

廣納汲取古聖先賢之書，富有現實積極意義的內容，並以此做為自身的人生指導，這也就能說明胡氏在經世思想上「效以禮法為用」的仿古精神，這當中也是自我工夫上的價值實現。

而本節中除了說明胡居仁所認為的「格物」、「致知」思想外，另一重點則在於「窮理」的部分，這是胡氏為了對抗當時代學者沉迷於「內求本心」、「反躬自身」、「靜坐修持」，而不以朱子外求現實事物的本質，作為歸納天理原則的方法，所做的回應。〔註2〕朱子的工夫論中認「理」普遍存在於一切事物中，泛一切所見之物、能思量之事莫不有其道理，〔註3〕此即朱子講求於萬事萬物中「致知」之理論基礎，亦是被明代心學家認為「支離」、「離散」甚至予以否定。胡居仁嚴屬批評心學家這種摒棄客觀事物上各有其物理、每物有其可學習之處的正面積極義。因為每個人若是都「反求於心」，那將導致人人都有一準則、物物的黑白對錯也都隨人解釋，而學者們又不以讀書為本，心中空泛無實又要怎麼「反求諸己」。故胡氏言：「今人學不曾到貫通處，卻言天地萬物本吾一體。略窺見本原，就將橫豎放胸中，再不去下格物工夫，此皆是助長，反與理二。不若只居敬窮理，盡得吾之當為，則天地萬物之理即在此。蓋此理本無二，若將天地萬物之理，懷放胸中，則是安排想像，愈不能與道為一。」〔註4〕

最後，本節所要探討有關於窮理之方，即於胡氏凸顯出的「讀書」法門，這是對於只知求索內心的學者所提出的糾舉。胡氏把朱子對於客觀事物的重

〔註2〕胡居仁提倡程朱為體的工夫思想，不單是因為他屬於程朱一系的傳道者，更重要的是他發現了心學、佛學這種澄心默坐的為學態度，所帶來的客觀問題。在工夫論題上，客觀而論，理學與心學系的工夫法門，本無對錯可言。但胡氏的工夫價值就在於他發現了此時社會思潮上的弊病，進而提出解決方法，與其所因抱持的思想價值與工夫態度，他並非是盲目遵循著程朱一系的衛道者。相反地，就是因為胡氏在程朱思想中，得到許多成德精神上的啟發、與能活用於當世中經世思想上的啟迪，故而胡氏才想抗擊心學思潮下，所帶來的「高者入空虛」、「卑者流功利」之弊病。

〔註3〕「上而無極、太極，下而至於一草、一木、一昆蟲之微，亦各有理。一書不讀，則闕了一書道理；一事不窮，則闕了一事道理；一物不格，則闕了一物道理，須著逐一件與他理會過。」「若其用力之方，則或考之事為之著，或察之念慮之微，或求之文字之中，或索之講論之際，使於身心性情之德，人倫日用之常，以至天地鬼神之變，鳥獸草木之宜，莫不有以見其所當然而自不容已者。」參見（宋）黎靖德編、王星賢點校：《朱子語類·經下》卷十五，頁295。（宋）朱熹撰、陳俊民校編：《朱子文集·經筵講義》卷十五，頁494。

〔註4〕（明）胡居仁撰、馮會明點校：《胡居仁文集·經傳》卷八，頁96。

視，進一步將焦點放在「讀書」。也就是說，相對於朱子的工夫論，兩者雖在架構上屬於同一類型，但為了因應時代思潮，使原先的工夫理路有所偏重，這也造就胡氏在格物致知的理論上，更多的指明在「讀書」。而朱子所提供的那種應探究宇宙自然中，可被審思度量的客觀方法論，在胡氏的講述中也就顯得相對弱化，但這並不是說他承繼朱子思想上，觀念架構與結構上的薄弱，而是為了抵抗新時代的思潮，在工夫思想上另一種演進。

一、格物致知論涵義

在胡居仁的工夫論中，首先應當有一個基本的了解，即胡氏的「格物」論中，架構上也包含著「即物」、「窮理」、「至極」三個基本原則，而這三原則即承繼著朱熹所提供的工夫內容。〔註5〕

其次，論「致知」時，也大致亦如朱子所論：「格物致知只是窮理。」〔註6〕也意即二者本不離不雜，更可以說是修養工夫上所行之同一脈絡。

在胡居仁的「格物」、「致知」論述當中，這兩個詞組在《居業錄》及其書信當中出現次數分別僅為 15 次和 38 次而已，相比於朱子在格物致知論的界定

〔註5〕如陳來在其《朱熹哲學研究》所論：「在朱熹看，所謂「格物」包含有三個要點，第一是「即物」，第二是「窮理」，第三是「至極」。格物思想的核心是窮理，但窮理不能離開具體事物，窮理又必須窮至其極。」且此三個要點如此重要之因，也在於有些學者僅僅把格物歸結為「接物」，而忽略了格物所包含的「窮理」、「至極」。如與朱子同期的學者江德功就是如此，而這點誤解也在朱子的〈答江德功〉這一書信中得到解釋：「訓格物以接物，則於究極之功有所未明。以義理言之，則不通；以訓詁考之，則不合；以功用求之，則又無可下手之實地。」此處的「究極之功」其實也正包含著「窮理」與「至極」兩個部分，至乎其所極本以「即物」為根本，而以「窮理」為基礎的方法，將此物窮至於無罅漏，則能達到「至極」之處，故格物的這三個要點本不可分離且至關重要，故胡居仁的工夫論基礎實包含此思想論點。參見陳來：《朱熹哲學研究》頁 242。（宋）朱熹撰、陳俊民校編：《朱子文集·答江德功二》卷四十四，頁 1967。

〔註6〕陳來《朱熹哲學研究》中提出了對於「格物」、「致知」的探討，筆者在此引用以作為胡居仁格物致知論上的基礎。陳來指出：「朱熹所說的『致知』只是指主體通過考究物理而在主觀上得到的知識擴充的結果。致知作為格物的目的和結果，並不是一種與格物並行的、獨立的、以主體自身為認識對象的認識方法或修養方法。」「格物致知只是認識過程的不同方面，格物就是主體作用於對象而言，致知則就認識過程在主體方面引起的結果而言。」參見陳來：《朱熹哲學研究》頁 247、頁 249。（宋）朱熹撰、陳俊民校編：《朱子文集·答黃子耕五》卷五十一，頁 2362。

與論述實相去甚遠，可是在這數十條目當中，胡氏卻已能整體把握朱子格物致知論的觀念，並且從中有所取捨。胡氏的「格物致知」它有幾個基本觀點：

其一，格物包含窮理：格物是總體說，窮理是部分說，窮理必是格物的方法，二者不可分離。又若以格物與致知關係而論，則格物為致知之始，致知為格物之終（此終始概念之「終」，非工夫的終結，而是相對於格物致知的起始、先後做區分），是以，胡居仁「格物致知」論中「格物」、「窮理」、「致知」應屬一體，儘管在分析上三者可分論，但三者應屬一整體，且有互攝之意義：

首先，就「格物致知」論中三者分別又互攝的概念來看，胡居仁言：

> 格物便是致知，非格物之外，別有箇致知工夫。〔註7〕

> 理在物上，故須格物，方窮得理。釋氏遺物，是懸空求理，故只見差去。〔註8〕

> 致知在格物，從事物上窮究，其理便實。若只管思索想像，便是「思而不學則殆」。〔註9〕

由第一則引文，可看出胡氏反對將「格物」與「致知」視為兩種不同工夫。胡氏的格致工夫立論目的，本非拘泥、聚焦於這種抽象概念上的架構分論，所以在論述上，有時僅有「格物」與「致知」；有時則又只有「格物」與「窮理」。但整體而言，無論是「格物與致知」的組合，或是「格物與窮理」的組合，其工夫概念上應三者兼具且相互涵攝，並組合成一體的工夫論。第二、三則引文中不僅表明其對於朱學中「格物」的重要性，更重要的是他有意以此工夫對抗佛老；基於這個理路，在《居業錄》中也特立了一章節來批評佛老，由此可見其重要性。所以，此部分雖是凸顯「格物」的重要性，不如說是為了凸顯與佛老不以客觀經驗事物行「格物」、做工夫之批評。胡氏特意的批評，其實也正反映他在當時代的背景下，面對以「心」為主，內攝工夫法上的逐漸發展，在論述中不得不特別強調並與之分庭抗禮，實屬必然之舉，而這種刻意為之的批評手段在其《居業錄》當中，實屢見不鮮。

其二，格物與致知所界定的範圍在於宇宙自然中的萬事萬物，且此萬事萬物是可以被為學者思維度量的。此外，格物致知的目的在於從所窮究的萬事萬物中，找到一個根本性的規律進而上通天理，可以簡單的說就是從社會

〔註7〕（明）胡居仁撰、馮會明點校：《胡居仁文集·學問》卷二，頁23。
〔註8〕（明）胡居仁撰、馮會明點校：《胡居仁文集·經傳》卷八，頁92。
〔註9〕（明）胡居仁撰、馮會明點校：《胡居仁文集·經傳》卷八，頁92。

規律、共有所知的理論等客觀經驗事物，經由博而後約的方法，歸納出一個合於天地宇宙的道德原則。胡居仁言道：

> 天地萬物之理，即吾心所具者，若到無私意處，便貫通。若貫通，
> 便流行無間，此則仁也。存養工夫，只在吾身上，窮理則不分內外，
> 皆當格物。〔註10〕

此段言論中「天地萬物之理，即吾心所具者」看似近於有心學之跡，實同於朱子言「仁者理即是心，心即是理，有一事來便有一理以應之，所以無憂」〔註11〕、「仁者心與理一，心純是這道理，看甚麼事來，自有這道理在處置他，自不煩惱」〔註12〕中的「理」。胡氏實在說明，若此心已流行無間而到達仁之境界，則本於心中所具的這些發揚天理的可能性，則能達到「心與理一」的境界。不過筆者認為，其實胡氏這段話更應關注的是「窮理則不分內外，皆當格物」一語，旨在鋪成人們所窮究的「理」，不應該僅止於客觀的視聽言動，更應該把握內心當中可以被思量、被反省的部分。這種特別強調哲學概念上的分別性與同一性，其實也正標誌著胡居仁與朱子的差異（朱子較注重抽象理論架構上的整體性，但胡氏不僅在同一之中又有著分論上的強調與凸顯，其也更注重現實上的實用性與可行性），再者，從「存養工夫，只在吾身上」又能看出其與朱子之差異或偏重程度上不同，朱子的工夫論中儘管也有對「修養」之功作論述，但朱子的修養論幾乎都是以理論的廣闊性與圓融性作為立論標準，如其言：「一旦存養省察之功，真有以去其前日利欲之昏而日新焉，則亦猶其疏瀹澡雪而有以去其前日塵垢之汙也。」〔註13〕「蓋此是萬理之原，萬事之本，且要先識認得，先存養得，方有下手立腳處耳。」〔註14〕朱子的「存養」、「修養」實無胡氏這種強調主體、「操之在我」的涵義，而胡氏這種以「自我主體」為本之思想，也正如呂妙芬所謂「把學問重心移到一個人的修養上」，〔註15〕胡氏這種思想上的偏轉，實與其提高「心」之地位、外攝方法偏轉向內攝方法相呼應，這些偏重上的問題已能看出其與朱子相異之處。

其次，在胡居仁的格物窮理工夫之中，其實也看重朱子對於事物求其「所

〔註10〕（明）胡居仁撰、馮會明點校：《胡居仁文集・學問》卷二，頁28。
〔註11〕（宋）黎靖德編、王星賢點校：《朱子語類・子罕篇》卷三十七，頁985。
〔註12〕（宋）黎靖德編、王星賢點校：《朱子語類・子罕篇》卷三十七，頁985。
〔註13〕（宋）朱熹撰、陳俊民校編：《朱子文集・經筵講義》卷十五，頁485。
〔註14〕（宋）黎靖德編、王星賢點校：《朱子語類・性理三》卷六，頁114。
〔註15〕呂妙芬：《胡居仁與陳獻章》（臺北：文津出版社，1996），頁163。

以然之故」與「所當然之則」之理路。只不過,胡氏在此的努力方向,其實已有所不同,如其言:

> 今學者誠能讀聖賢之書,反覆尋究以求其理,亦可以得致知之大端矣。更於日用之間,窮其何為是?何為非?事事求其至善,物物尋其當然,則致知之功,莫切於此。〔註16〕

這段引文的重點恰展現了胡氏在窮理態度上與朱子的不同之處:他將朱子那種從萬事萬物的窮究範圍,縮小濃縮到了「讀聖賢之書」,〔註17〕並以此窮理之方做為在萬事萬物中,考究所以然之故與所當然之則的主要內容。雖然胡氏並不否定應在萬事萬物求取「所以然」與「所當然」,只不過他認為更應把這個主體著重在「聖賢之書」,也就是專注於「讀書」,並認若能在「聖賢之書」當中反覆窮索、推究尋得書中真理,則能做為人倫日用之常的方向,此即探求聖賢之書的真理。換言之,對於朱學體系中那種萬事萬物被界定在格物窮理的範圍,胡氏雖然認肯,但為了因應時代的思潮,故而「用功」方向上已經有所偏重。更應該說,即使在工夫論上延續著朱子的脈絡進行,但其最終依歸則應該回歸到——「讀聖賢之書」的法門上。此也正是胡氏與朱子在窮究「物」上,已然展現出的不同。

再者,就「追求天理」與「讀書窮理」之間的先後、輕重問題,儘管胡居仁曾說格物窮理前應當先窮究「性情」,但這並不是說「追求天理」、「體究性情」比「窮裡讀書」重要。相反的,兩者的關係應當如同朱子的「知行」關係一樣,有輕重緩急之別。如就「道德性理」之先與「格物窮理」之重,其言:

> 窮理格物先從性情上窮究,則見得仁義禮智,渾然全具於吾心,惻隱、羞惡、辭讓、是非,隨感而發,就從此力加操存省察,推廣擴充,此便是源頭工夫,根本學問。〔註18〕

> 工夫本原,只在主敬存心上。致知力行,皆靠住這裡做去。道理本原,只在天命之謂性上。萬事萬物之理,皆在此處流出。〔註19〕

〔註16〕(明)胡居仁撰、馮會明點校:《胡居仁文集‧續白鹿洞學規》頁211。
〔註17〕胡氏將窮理的焦點聚焦在「讀聖賢書」的方法上,目的也是為了呼應心學、佛學中,許多學者不先積累胸墨,只知反求諸己的浮華弊端;其次,也是為了藉由聖賢書上的「成德精神」,去抨擊明代興盛的科舉制度下,學士風氣上所彌漫的功利思想。
〔註18〕(明)胡居仁撰、馮會明點校:《胡居仁文集‧學問》卷二,頁28。
〔註19〕(明)胡居仁撰、馮會明點校:《胡居仁文集‧經傳》卷八,頁95。

德性乃「渾然全具於吾心」，但更看重的則是在經驗世界中日常的「操存省察」、「推廣擴充」的源頭工夫。胡氏在追求「道德性理」與看重「讀書窮理」的同時，本質上則如同知行問題中的「先後」、「輕重」問題一般，亦即「追求道德性理為先、但以讀書窮理為重」。在胡氏的視野裡，兩者更是相得益彰的雙重方針。這也顯示了其思想上的一個重點：「若讀書不以道德性理為本，則學者陷於巧利私意之心；若追尋天理道理不以讀書（物）為重，則學者陷於釋老空虛妄誕之心」。而這正是他與朱子實用性思想上的不同之處。

其三，格物致知的範圍雖界定為可思量的萬事萬物，但這並不代表必須格盡天下一切萬物，才能得到最後那根本的終極天理。而是在一物窮盡之後，藉由此物窮盡所得之「特殊性」規律（概念）而可類推到格局較大的「一般性」規律，但這也並不意味著，格盡一物即可上通天理而無有罅縫，這又必須回歸到每個人的賢愚資質問題而論。如其言：「窮理非道窮盡天下萬物之理，又非道是窮得一理便到，只要積累多後，自然見去。自一身之中，以至萬事萬物之理，會得多，自豁然有覺處。」〔註20〕這是論及窮理的方法，強調積累的重要性，再如：

> 格物非欲盡窮天下之物，但於一物窮盡，其他可以類推。至於言孝，
> 則當求其所以為孝者如何？若一事上窮不得，且別窮一事，或先其
> 易者，或先其難者，各隨人淺深，譬如千蹊萬徑，皆可以適國，但
> 得一道而入，則可以通其餘矣。萬物各具一理，萬理共出一原，此
> 所以可推而無不通也。〔註21〕

胡氏這段〈續白鹿洞學規〉中的重點有二。其一，胡氏深怕後世學者以為理學的「格物窮理」，是要格盡天下一切的事物才能通達天理，但此非為學為道之真意。如同他所說的「格物非欲盡窮天下之物，但於一物窮盡，其他可以類推。」在理學家來看，萬事萬物雖表象各有所不同，但是它們都有一個共象原則、共通規律可以有所把握。其二，胡氏也怕學者只從單一事物上的考究，容易流於對該事物只求以「悟」為原則的把握方式，而不思量對於該客體物而言，有何實際上可以歸納、並切己自身可得而知的道理，此防範之意圖與內涵實與「王陽明格竹」一事有類同之處。雖然胡氏早於王陽明「格竹」

〔註20〕（明）胡居仁撰、馮會明點校：《胡居仁文集·續白鹿洞學規》卷之二，頁209。
〔註21〕（明）胡居仁撰、馮會明點校：《胡居仁文集·續白鹿洞學規》卷之二，頁209
　　　　～210。

的時代，不過胡氏顯然早已看到「朱學」體系中，可能造成的問題，所以他在〈續白鹿洞學規〉當中所錄之內容，一方面展現他恪守程朱理學的基本原則，更重要的還是他為後世學者所設的一種防線。此種維護程朱道統所述之內容，其實也正是身處明代的胡居仁，在承繼與推廣程朱理學的過程中，所展現之特色。

最後，即使在《朱子語類》中雖有伊川「若一事上窮不得，且別窮一事」〔註22〕之按語，但並沒有胡氏所言「或先其易者，或先其難者，各隨人淺深」這種更加細部的解釋與方法。程子或朱子在理論的構築上往往強調著整體的圓融性，所以在論述過程中，大部分的細部解釋是少於胡居仁的。當然也可直接說胡氏本有所偏重，故其在相關內容的闡釋自然會多於程朱。又如「類推」這一概念，朱子對此也有不少的言論，如其言：「今人務博者卻要盡窮天下之理，務約者又謂『反身而誠』，則天下之物無不在我者，皆不是。如一百件事，理會得五六十件了，這三四十件雖未理會，也大概是如此。向來某在某處，有訟田者，契數十本，中間一段作偽。自崇寧、政和間，至今不決。將正契及公案藏匿，皆不可考。某只索四畔眾契比驗，前後所斷情偽更不能逃者。窮理亦只是如此。」〔註23〕但正如胡氏「若一事上窮不得，且別窮一事，或先其易者，或先其難者，各隨人淺深」一語，相較於朱子的類推大部分都是在論此「概念」，胡氏則在類推的方法上更加展現其「殊別性」。可以說，胡氏許多與程朱類同之觀念，雖然本質上之架構相類，但從朱子到胡居仁的時代已有二百年以上的區隔，且在這之中程朱之學已漸趨弱勢，所以胡氏在繼承的結果與闡揚上，一則強調著程朱學中能與心學、佛學、功利的學術氛圍對抗之方法；二則以強調的方法，對既有的理論做更加細部的討論與改進，以使學者對既有之朱學更加理解與改觀。

二、格物致知論特點

接續上述胡居仁的格致工夫中有關於「格物」、「窮理」、「致知」三者所互攝之結構與理論基礎，如前所言，胡氏這種把「窮理」部分首重於「聖賢書」的觀點，很大的原因來自於當時候他所批判的學士習風而來，他認為當時學者們不以聖賢所認之「為己之學」、「合天理道德」為重，反倒因為科舉

〔註22〕　（宋）黎靖德編、王星賢點校：《朱子語類·或問下》卷十八，頁397。
〔註23〕　（宋）黎靖德編、王星賢點校：《朱子語類·或問下》卷十八，頁395。

考試的興盛，致使當時人們有追逐功利之心，這是其一的問題；其次，則是當時佛老思想的持續蓬勃發展，此二者都是胡氏所認學風腐敗之因。如在其門人余祐為《居業錄》所作之〈序〉中言：

> 《居業錄》者，先生道明德立，理有契於中，而無可告語；事有感於外，而無可施行。故筆之於冊，而命以是名。蓋取《易》「修辭立其誠，所以居業」之義也。其間論聖賢德業、經傳旨趣、學問功夫、政教基本、性命淵微，不一而足。此外則於異端佛老之學，尤加深辯詳闢，惟恐其或陷溺人心，變亂士習。蓋亦有為而發，故其詞繁而不殺焉。〔註24〕

文中點出胡氏撰作《居業錄》的動機之一，即來自於佛老對儒家道統的士習學風有所影響深感憂慮。故而，其作《居業錄》的目的不僅是為了「聖賢德業、經傳旨趣、學問功夫、政教基本、性命淵微」，更重要的莫過於前文所論，對抗「佛老空虛荒誕之學」對儒家所帶來的衝擊。此外，胡氏亦抨擊士人在科舉制度下，淪於乖張功利之心。〔註25〕胡氏對於士人功利之心的痛惡，也可從《居業錄》中對於「功利」的抨擊，在《居業錄》當中「功利」就出現了36次之多（這裡還不包含他在批判整個學風背景中，所用之「士習」、「士風」二字），相比於工夫論中首重的「格物」二字僅出現15次。從這點也能看到，其對於浮濫的「功利」學風背景之擔憂與厭惡之重。胡氏與其友人張廷祥之書信中亦言：

> 大抵人之為學易偏，苟無真儒為之依歸，則高者入於空虛，卑者流於詞章功利，是以依乎中庸為難。且好高妙，厭卑近；好奇異，厭

〔註24〕　（明）胡居仁撰、馮會明點校：《胡居仁文集·余祐序》頁8。

〔註25〕　《居業錄·古今》：「古人以德行道藝教人，即以此取士，又從鄉里教起，故取士用鄉舉里選之法。漢猶近古，用孝廉科，賢良方正科舉士，是尚德行。用茂才科，經義科舉士，是兼才學。此儘好，但不若《周禮》賓興之盡善。後世純用文詞取士，空言無實。」胡氏是極為推崇古代以人之「德行」所選才標準，猶如以前漢代的「舉孝廉」就是如此。當然，胡氏所認之標準，固然是以理想狀態而言，現實社會中漢代所實行之「舉孝廉」之流弊也是後世眾所皆知。不過，考論胡氏之思想與理念時，首重應放在理想社會的前提之下，固然大部分的理想政策實行時，在現實上的態樣往往有所扭曲與曲解，但這並不妨礙理想政策的開創，現實之中政策本就隨著人文社會、時代背景、民族風情而有所推移，一個理想的社會模型本就應富有理想性的思想、政策為創制的基礎，這也才能使此社會狀態不斷朝著理想性持續改進。參見（明）胡居仁撰、馮會明點校：《居業錄·古今》卷五，頁69～71。

平實；喜寬縱，憚繩檢，此學者之通病。又有以智計處事以為有才，反流於詐妄者。伏望尊兄裁節雜冗，專以修身講學為事，庶使有志者有所宗也。〔註26〕

今之士習不美，只緣科舉功利害之。能脫此累者，又皆過於高妙，淪於空虛。其所以正人心，振士氣，其責豈不在吾之廷祥乎？〔註27〕

在胡氏的往來書信當中，最頻繁者莫過於張廷祥，儘管此部分僅是往來書信中之一小部分，但所往來的書信內容，往往都囊括著兩個重點：一則希望張廷祥不要流於佛老、心學；二則則是對於此時的社會狀態做出嚴厲的批判，其中批判最為猛烈者，又以佛老、士風這兩者為重。文中所謂「高者入於空虛，卑者流於詞章功利」即委婉指出，這個時代雖有不以科舉為功利的高者之流，但即便如此，他們也容易陷入空虛高妙的佛老之學；另外，亦有以追求科舉功利之卑者，因科舉興盛漸漸流於詞章功利一途，實則與「今之士習不美，只緣科舉功利害之」一語相互呼應。所以胡氏憂慮其友人可能淪於所言之弊，故以「伏望尊兄裁節雜冗，專以修身講學為事」、「其所以正人心，振士氣，其責豈不在吾之廷祥乎？」一則以勸勉之語氣，勉勵張廷祥能行道於修身講學之事上，二則以反詰之語希望張廷祥能守乎其責，匡正提振學士世風之心。

而胡居仁就「讀書窮理」之細部探討則如下：

其一：關於胡氏所論的讀書窮理，如以「內容」言之，並不是只要可以稱做為「書」，必然應合於其所認可之能窮理之書，方可成論；而如以「方法」言之，也並不是固執窮究於單一典籍，即可所謂窮理並能致其知。

其二：就「內容」而言，胡氏在「窮理」這一工夫之中，對於「讀書」的重視程度，在其〈芸閣記〉即言：

人之所以能參贊天地，經綸萬事者，以其具此理於心也。然則存心窮理之功，可須臾間乎？必也莊敬涵養以立其虛靈之體，讀書窮理以致其廣大之用。〔註28〕

胡氏將「讀書窮理」與「莊敬涵養」工夫看作是須臾不可離開的方法，並認此二法即是能擴展人本參透天地奧妙、精義萬事的基礎。人之所以能參透天地

〔註26〕（明）胡居仁撰、馮會明點校：《胡居仁文集・寄張廷祥》卷之一，頁144。
〔註27〕（明）胡居仁撰、馮會明點校：《胡居仁文集・奉張廷祥》卷之一，頁147。
〔註28〕（明）胡居仁撰、馮會明點校：《胡居仁文集・芸閣記》卷之二，頁187。

之妙與經綸萬物之事，不只是因為人心本有這能通達一切的理則，更重要的是將這人身本具有的理則之心，不斷的擴展與涵養。

　　胡氏幾乎認「讀書」這一方法，等同於整個「窮理」工夫的核心標準，茲言道：

> 窮理須事事窮究，窮來窮去，又只是一箇理。讀書須要章章精熟，精熟後亦只是一箇理。此所為萬物各具一理，萬物同出一原也。〔註29〕

> 宰相之職，在於進賢退不肖，進賢退不肖，在於能知人。知人在於修身，修身莫先於窮理。窮理者在於讀書論事，推究到極處。〔註30〕

第一則引文之中，胡氏先以範圍較廣泛的「窮事理」而論，他認為窮理其實就是把可思量、度量之客體物窮至其極，並且任何一事理窮至極處只有那唯一的「理」。在論述「窮理」原則後，其緊接著提出「讀書」這一方法，他認為，書中的每一章節就好比客觀世界的事理，如把每一章節讀至精熟就有如把客觀事理窮至極處一般，並且也能得到那唯一的「理」。胡氏指出「讀書」這一本來只是窮究萬事萬物中的一事，看作是「窮理」的核心，甚至是「窮理」的整體。以本來只是「部分」與「整體」關係中相對於「讀書」與「窮理」這一邏輯，將讀書（部分）代替了整個窮理（整體）工夫的歸結所在，故而看出其對「讀書」法門的重視。其中又以其謂「窮理者在於讀書論事」一語，將「讀書」當作工夫之首重的思想，貫穿其整部工夫論之中。

　　其三：胡氏對於讀書的重視並不僅實行於自身，此精神亦推及其友人，並於書信中屢次論及「讀書」的重要性：

> 窮理是推勘到十分盡處，致知是體究到十分明處。或讀書、或講論、或處事，皆要十分明盡，方是窮理致知工夫。〔註31〕

> 故朱子曰：「能知為士之道，則知為聖之道。」苟或一失所守，則制行頓虧，本心遂喪，甚則貪昧苟且。讀書益多，講究益廣，無以有諸己矣。〔註32〕

第一則引文雖然重點在於「窮理」與「致知」方面的訓義解釋，但後面的文句，又能看到胡氏一貫以「讀書」為先的開頭：「或讀書、或講論、或處事」。

〔註29〕（明）胡居仁撰、馮會明點校：《胡居仁文集‧學問》卷二，頁29。
〔註30〕（明）胡居仁撰、馮會明點校：《胡居仁文集‧帝王》卷四，頁61。
〔註31〕（明）胡居仁撰、馮會明點校：《胡居仁文集‧與陳大中》卷之一，頁172。
〔註32〕（明）胡居仁撰、馮會明點校：《胡居仁文集‧與韋顒》卷之一，頁142。

這種以「讀書」首重的開頭方式，不只是此部分僅有，前面引文當中也幾乎都是此種用法，而此段引文用法也同於〈學問篇〉中所言：「窮理非一端，所得非一處。或在讀書上得之，或在講論上得之，或在思慮上得之，或在行事上得之。讀書得之雖多，講論得之尤速，思慮得之最深，行事得之最實。」〔註33〕胡氏在談論窮理的重要或是窮理的解釋時，往往會在後面的文句當中認明「讀書」的重要性。第二則引文則是以「讀書」一論涵蓋整體，故其言「讀書益多，講究益廣，無以有諸己矣」，實則也是為了呼應胡氏所引朱子之語：「能知為士之道，則知為聖之道」，而其中的「為士之道」即是胡氏後段所補充之「讀書之法」。

其四：關於胡氏所重視之「讀書」，放觀於當時社會背景之下的衝突，如「為己」、與「為人」之間差別。對胡氏來說，若是一個人從一開始就行為不端、趨向不正、與聖賢之思想完全背道而馳，這樣來看，就算是「讀書」這一方法也是無濟於事。更應該說，對其而言，一個人從「讀書」入門處即有其條件限制，不只是泛觀一切的客體之書有所限制，就連主體方面的人也有條件限制：

> 趨向不正，與聖賢之言，自相背馳，如何讀得聖賢書？趨向正底人，
> 方好讀書。〔註34〕

此處「趨向不正」，即指前論中「趨向功利、佛老」，胡氏認為這些人本與「聖賢本旨」背道而馳，故以「如何讀得聖賢書」作為結語，來標示著這類人無法入門其所認之工夫思想。

此外，因明代科舉興盛，大多數的學者讀書都從「功利」的角度出發，學者們苦讀聖賢之書或是其他能傳道之書，都只是為了應付科舉考試，並不是真切的從這些聖賢之書中，提取真意並提升自我的道德自覺性與知識涵養性。這也反映在他入主白鹿洞之後，所立下的〈學規〉中所引錄：

> 南軒張先生曰：「學者當以立志為先，不為異端惑，不為文采眩，不
> 為功利汩，庶幾可以言讀書矣。」〔註35〕

承接上述概念，胡氏在〈奉張廷祥〉之書信當中也有此論：

> 竊意聖道之大害有二：功利、異端也。功利之害人雖眾，然皆中人

〔註33〕（明）胡居仁撰、馮會明點校：《胡居仁文集·學問》卷二，頁28。
〔註34〕（明）胡居仁撰、馮會明點校：《胡居仁文集·學問》卷二，頁28。
〔註35〕（明）胡居仁撰、馮會明點校：《胡居仁文集·續白鹿洞學規》卷之二，頁205。

也，其失易知，故其害亦淺。老佛所引陷者，皆中人以上之人，其才高，其說妙，非窮理精者，莫能窺其失。〔註36〕

胡氏對於「讀書」的先決條件，甚是嚴明。除了前述所論「不為異端惑」，此部分還包含「文采」、「功利」兩個部分。這些都是胡氏認為當時學者，耽溺於以華美的文采取得科舉所帶來之功利，或是因佛老之高妙而陷於空虛，所帶來之學術、社會問題。又如第二則引文，「聖道大害有二」即是「功利」、「異端」兩者，其中，「功利者」害人雖眾，但皆以中人為主，故所害較淺；然「佛老者」陷者雖寡（相較於功利），但皆以中人之上為主，故所害甚深。不過，即使兩者有程度上的差別，但都屬「聖道大害」中兩個最根本的問題。所以對胡氏來說，上面的問題都是端正「讀書」之先決態度。因為能讀聖賢之書必須從「為己之學」〔註37〕做起，也就是自身必須從成就自我的道德人格為基礎，「讀書」這一方法才具有真正意義，如胡氏亦言：「學知為己，方好商量做工夫」〔註38〕又如其言：

> 學只爭箇為己與為人。若為己，則學以博，而理益明；若為人，則學博而成雜，理愈偏而知愈蔽。故程子以記誦為玩物喪志也。〔註39〕

> 學不為己，縱讀書多，講說詳，不過誇多鬭博，習為口語。學愈博，道愈雜。〔註40〕

憂心於學者只知「為人之學」而不知「為己之學」實為自孔子以來儒者共同課題。不過相比於其他學者，胡氏則更加關注在「記誦」、「文采」等部分，因為他批評當時許多學者只知科舉功利之事，又相對於此時代的科舉乃行「八

〔註36〕（明）胡居仁撰、馮會明點校：《胡居仁文集・奉張廷祥》卷之一，頁162～163。
〔註37〕所謂「為己之學」應當追溯至孔子所謂「古之學者為己，今天學者為人」這裡的「為己」之意並非是為了自己所行的自私自利之心，孔子所謂「為己」實為充實自己使自我成長，並以此成就自身儒家所認之道德人格。而「為人」之意，則是孔子認為當時代的學者，往往以自身之知識作為求取進身的工具（古代的知識獲取有限，又幾乎只有貴族才有得到知識的權利，故能獲得一方知識學問則有階級翻轉之可能）。又《四書章句集注》當中朱子也以程子之言為此段作注：「程子曰：『為己，欲得之於己；為人，欲見知於人。』」、「程子曰：『古之學者為己，其終至於成物。今之學者為人，其中至於喪己。』」參見（宋）朱熹撰：《點校四書章句集注・憲問第十四》卷七，頁155。
〔註38〕（明）胡居仁撰、馮會明點校：《胡居仁文集・學問》卷二，頁36。
〔註39〕（明）胡居仁撰、馮會明點校：《胡居仁文集・學問》卷二，頁35。
〔註40〕（明）胡居仁撰、馮會明點校：《胡居仁文集・學問》卷二，頁37。

股文」，〔註41〕八股文試題內容雖以程朱學派的注釋為準，但胡氏卻不認同這種考試方法，因為他認為這種方式只會讓學者強記其內容，而不思其聖賢真意。這種社會制度下的「讀書」方法，只會讓學者陷於博雜不實、理偏知蔽的情況；又如其所言「不過誇多鬬博，習為口語」，這些學者只不過是誇多鬬博之輩，而這些人也就等同於程子所謂「以記誦為玩物喪志」之流，儘管所讀之書為聖賢之書，但也只不過是因為有「功利」可以追逐。

胡氏亦曾在〈聖賢篇〉當中批評韓愈跟王安石，茲言道：

> 韓退之說詩書勤乃有，不勤腹空虛，則是以記誦為主。其說道理，是其聰明揣度出來。王介甫言讀書萬倍利，是以功利為主。其說道理，亦是聰明想像出來，皆非真知也。〔註42〕

其認為韓愈學問廣博原因，實乃韓愈本以記誦為主，且韓愈本是天資聰穎之人，靠其自身思考揣度，也就能把讀到的知識，形成一富有連貫性的邏輯內容，這種以記誦與天資的「讀書」方法也並非胡氏所認可。此外，胡氏亦認王安石「讀書萬倍利」之言，其意乃將「讀書」與「利益」形成連鎖關係，這種觀念又是胡氏所厭惡的，且王安石從書中所體切到的知識，所表現出的態度，亦如同韓愈一般，都只是因為他們天賦異稟可悟其表義，但非真切尋得聖賢真理，故胡氏言「皆非真知也」。

其五：有關於胡居仁「讀書」之範圍界定上，其所認可之典籍：

> 讀書務以《小學》為先，次《四書》，以及《六經》，與周、程、張、朱、司馬、邵之書，非理之書，不得妄讀。〔註43〕

〔註41〕明代洪武元年（1368年），即詔開科舉，對制度、文體已有了明確要求。《廣陽雜記》中即載洪武年間選舉制度之大意：「洪武三年五月初一日。初設科舉條格。詔內開第一場五經義。各試本經一道。限五百字以上。」但這時的考試制度並不如後來嚴格，一直到明憲宗成化年間（1464～1487），經王整、謝遷、章懋等人提倡，八股文逐漸形成了以講究格律、步驟，並逐漸形成比較嚴格的程式。成化二十三年（1487年），始由「經義」變為開考八股文，規定要按八股方式作文，格式嚴格，限定字數，不許違背經注，不能自由發揮。胡居仁生年即為正統到成化年間，這段時間的八股文體已漸趨向成化以後之嚴格型式，又或應該說正是因為胡氏在時代的推進下，有感於考試制度之問題，而成化以後也正步入胡氏生時所擔憂之景況。參見（清）劉獻廷著、汪北平、夏志和標點：《廣陽雜記》（北京：中華書局，1957）卷五，頁244。

〔註42〕（明）胡居仁撰、馮會明點校：《胡居仁文集・聖賢》卷三，頁41。

〔註43〕（明）胡居仁撰、馮會明點校：《胡居仁文集・麗澤堂學約并序》卷之二，頁215。

就胡氏而言，所謂能求得聖人真理之書並非泛泛然一切可觀之書。他認為學者們應該以《小學》為首要入門目標，其次則是《四書》、《六經》，最後，胡氏回歸他做為程朱理學一系的道路，以《小學》、《四書》、《六經》讀得之理再下推到周、程、張、朱、司馬、邵等人之書。這裡有一點可以注意到的是，從這六人被提舉與排列方式，也可以看到胡氏認為應讀之書，除上述《小學》、《四書》、《六經》外，大體著重在宋明理學之部分（故司馬光與邵雍排於末），並在最後言明「非理之書，不得妄讀」。從其重視理學來看，這也與朱子「窮理」應求萬事萬物之理有所不同，或應說有所偏重。儘管胡氏的格物窮理內容在理論的基礎上，是建立在所承繼的朱子身上，胡氏肯認朱子窮理內容之論：

> 窮理格物先從性情上窮究，……又於日用、事物、人倫、天地、山川、禽獸、草木，莫不究極其所以然，明而禮樂，幽而鬼神，日月之更迭，寒暑之往來，歲月之交運，古今風氣盛衰，國家治亂興亡，民之安危，兵之勝敗，無不窮究，方為窮理致知之學。〔註44〕

又如其在〈續白鹿洞學規〉所言：

> 凡有一物，必有一理，須是窮致其理。窮理亦多端，或讀書講明道義，或論古今人物別其是非，或應接事物處其當否，皆窮理也。〔註45〕

這些論述雖然都表明在窮理內容的界定與基礎上，其與朱子架構上的相同之處，但是就細部內容上所關注的焦點，胡氏則已經走向具有時代特質的「理學」。如胡氏所認應讀之書限於《小學》、《四書》、《六經》，周程張朱等範圍上，則又是以上述兩段引文所規定的基礎之下，再度限縮。故而，胡氏的窮理內容不僅偏重在「讀書」，且「讀書」內容的範圍界定上，也限於富含深意之道統意義的著作上，如其言：

> 因聖賢之書以修身，修身則聖賢之言愈有著落。今更有聖賢出，其說不過於《大學》、《論》、《孟》、《中庸》，此後書莫過於《小學》、《近思錄》。學者能於此處真知實踐，他書不讀無憾也。〔註46〕

> 學者當以《小學》、《四書》、《近思錄》熟讀體驗，有所得，然後方可博觀古今。〔註47〕

〔註44〕（明）胡居仁撰、馮會明點校：《胡居仁文集·學問》卷二，頁28。
〔註45〕（明）胡居仁撰、馮會明點校：《胡居仁文集·續白鹿洞學規》卷之二，頁209。
〔註46〕（明）胡居仁撰、馮會明點校：《胡居仁文集·學問》卷二，頁26。
〔註47〕（明）胡居仁撰、馮會明點校：《胡居仁文集·學問》卷二，頁27。

> 在《小學》、《近思錄》、《四書》上做得工夫真，異端功利俱害不得。
> 《近思錄》一書小學、大學工夫盡有。〔註48〕
>
> 今人才氣高者，便入異端去。自小學之教不行，學者無基本；大學
> 之教不行，無進步處。皆以虛靜存心，懸空求道，故有此病。古人
> 存心之法，具於《小學》；入道之門，由於《大學》。〔註49〕

對朱子而言，儘管朱子所窮之物，大體還是受限於傳統儒家所定之內容，但在「內容的範圍」上並不像胡氏有嚴格的界定。〔註50〕然而，胡氏窮理內容上範圍限縮的界定，其實也正是因為他所要面對的是與朱子完全不同的時代、社會背景，與身為此時代背景中，程朱理學所面對的衝擊。所以這時候，胡氏除了要為此時代背景的程朱理學發聲外，他必須有意識的去針對這個時代背景中與其相對的問題去做回應。故而，胡氏將窮理的內容與範圍，限縮在《小學》、《四書》、《六經》與程朱道統理學之書，實乃不得不為之舉。更應該說，就是因為其有意識的將範圍界定縮小與清楚彰顯此範圍之內容，才能使當時代的士人們能直截地了解，這個為維護程朱道統理學的大儒者，所要傳達的思想內容之本旨為何。

其六：就讀書之「方法」，則可見於〈麗澤堂學約并序〉中言：

> 讀書務在循序漸進，一書已熟，方讀一書，毋得鹵莽躐等，雖多
> 無益。〔註51〕

承接前述〈麗澤堂學約〉之方法，在其〈學問篇〉當中有更深刻的讀書法門

〔註48〕（明）胡居仁撰、馮會明點校：《胡居仁文集・學問》卷二，頁26。

〔註49〕（明）胡居仁撰、馮會明點校：《胡居仁文集・學問》卷二，頁26～27。

〔註50〕朱熹對於格物窮理所界定的範圍，與其自身真正實行所窮理的內容，並不像我們以為的只注重於經典的理解，如在《語類》與《文集》中能見其廣闊的範圍：「琴固每絃各有五聲，然亦有一絃自有為一聲之法，故沈存中之說，未可盡以為不然。大抵世間萬事，其間義理，精妙無窮，皆未易以一言斷其始終，須看得玲瓏透脫，不相妨礙，方是物格之驗也。」、「王丈云：『昔有道人云，筍生可以觀夜氣。嘗插竿以記之，自早至暮，長不分寸；曉而視之，已數寸矣。』次日問：『夜氣莫未說到發生處？』曰：『然。然彼說亦一驗也。』後在玉山僧舍驗之，則日夜俱長，良不如道人之說。」這些證據都顯示著朱子與胡居仁極大的差異之處。參見（宋）朱熹撰、陳俊民校編：《朱子文集・答蔡季通十二》卷四十四，頁1932。（宋）黎靖德編、王星賢點校：《朱子語類・雜類》卷一百三十八，頁3288。）

〔註51〕（明）胡居仁撰、馮會明點校：《胡居仁文集・麗澤堂學約并序》卷之二，頁215。

說明：

> 讀書雖多，若不精熟，不若少而精熟。書雖精熟，又要實體於身，
> 方能有得。嘗謂讀得十章熟，不如做得一章來。做得一章來，那幾
> 章亦將湊得來。〔註52〕

> 讀書須著實理會，做入書內裡去，皮膚上綽過不濟事。穿破一兩處，
> 逐旋透入去，做得五七處透徹後，處處透得去。蓋義理根源自相貫
> 通，聖賢工夫如合符節，此處透得過，別處也透得過。書雖多，無
> 異道也。〔註53〕

第一段〈麗澤堂學約〉中，實則呼應前論胡氏批評世風之下的學者「學博而
成雜，理愈偏而知愈蔽」。對胡氏來說，讀書方法有幾個重點：一、循序漸進；
二、精熟而後能改易別書；三、精熟比博雜重要。要知道，胡氏的讀書方法其
實相對於當時代的學者，應是以「活用」、「真知」為主要目的，固然胡氏要學
者們需要精熟手中書本，方能改易其書，但是大部分的學者並沒有韓愈、王
安石等人天資聰穎，此時又專意於自己無法透破書中一二分之處，故而胡氏
肯定學者應變換自己所窮之理（典籍），不應固執專意考究於自身始終無法參
透之內容，所以這裡也正好呼應上述所論「一事窮不得，且別窮一事」，其旨
也在於「一書窮不得，且別窮一書」的活用變通特色。讀書的重點本旨即在
於，能從典籍中參透聖賢真理，而這個真理的取得，又必須已身能真正體會
的「真知」。

　　總的來說，胡居仁讀書窮理的工夫論，與其所承繼的程朱之論實有所差
異，胡氏雖也提倡萬事萬物皆當窮理，但對他來說那只是一個基礎性的界定
而已，其更將窮理的範疇限縮於「讀書」之上。相較於程朱「內事」、「外事」
上的分野，〔註54〕胡氏則已將「內外事」的界線打破，並融合成「在外事的
書本中求內事的真理」。此外，為了因應時代社會背景下的士風問題，他必須
將程朱這種泛觀博覽的窮理之方，改易在能傳達聖賢真理的書本上，從他的
工夫論之中，幾乎可見其對於「讀書」、「涵養」的重視之鮮明展現。這樣的變

〔註52〕　（明）胡居仁撰、馮會明點校：《胡居仁文集・學問》卷二，頁27。
〔註53〕　（明）胡居仁撰、馮會明點校：《胡居仁文集・學問》卷二，頁27。
〔註54〕　《語類・或問》：「見人之敏者，太去理會外事，則教之始去父慈子孝……若
　　　　是人專去裏面理會，則教之以『求知情性，切切於身，然一草一木，亦皆有
　　　　理』。」參見（宋）黎靖德編、王星賢點校：《朱子語類・大學或問》卷十八，
　　　　頁406。

化，另一方面來看，也可以說又進一步地拓展了程朱對於「外事」的內容，至少在胡氏的整體思想上，並非只是一味的只觀書本、反求真理、不務世事的思想。相反地，正是因為對古代經典上的重視，才能從中發掘、改易現實社會體系上的制度，並予以提出經世致用的思想，這也是胡居仁與程朱、抑或空言形上的眾儒者們，最大的不同之處。

第二節　工夫論：「敬」之涵義與特色

　　胡居仁與朱子對於「敬」、「未發」、「已發」的不同，並非本質、根本論題上的差異，更應該說是胡氏秉持著朱子對於「涵養」、「敬」、「未發」、「已發」的基礎，結合其當代心學盛行思潮下的一種轉化，所以為了反對心學工夫修養上近似釋家不雜不染的默坐澄心，這時候胡氏也必須在朱子的工夫論基礎上，做更進一步的改進與反思，這也造就了其特別注重「敬」的議題。甚至在這種架構下更加清楚的指明「未發」與「已發」根本上的不同，即使胡氏自己本身深刻了解「敬本無間乎動靜」此朱子所本有之論，但他仍不免為抨擊心學思潮，而更加強調與突顯這些論題上的殊別義，為的就是與心學工夫論中，「以心為本」反躬自身的內攝式方法論做分界，使「敬」不等同於「靜」，並用「未發之敬」、「已發之敬」兩個概念來規定「敬」的意義，希望彰顯理學的工夫論特點，進而也讓理論之內容，不至被曲解為心學中，「靜」的那種寂然不動之心。

　　胡居仁在其工夫論當中，除了前論「讀書」的實體之功外，其一生中最重要之工夫思想，莫過於對於「敬」的思想展開。其工夫論旨意，若是要用一個字涵蓋，莫過於「敬」之一字涵蓋全體。所以在《明儒學案》中黃宗羲（1610～1695）亦言胡居仁：「一生得力於敬，故其持守可觀」〔註55〕，而在《明史》當中則稱其：「其學以主忠信為先，以求放心為要，操而勿失，莫大乎敬，因以敬名其齋」。〔註56〕又《明史》也摘錄胡氏〈進學箴〉中：「力行『誠敬』為聖人能事畢」。〔註57〕胡氏所作〈續白鹿洞學規〉亦曾言：「聖賢之學，徹頭徹尾只是一敬字。致知不以敬，則昏惑紛擾，無以察義理之歸；躬行不以

〔註55〕（明）黃宗羲著、楊家駱主編：《明儒學案・崇仁學案二》。
〔註56〕（清）張廷玉等撰，楊家駱主編：《明史・儒林一》卷二百八十二，頁7232。
〔註57〕（清）張廷玉等撰，楊家駱主編：《明史・儒林一》卷二百八十二，頁7232。

敬，則怠惰放肆，無以致義理之實。」〔註58〕從〈學規〉也能看到胡氏此言不僅以「敬」為立身原則，更以「敬」期勉後學，以「敬」之一字統攝「聖賢之學」，更以此為主體「致知」、「力行」交致之功時，本應持守之核心要點。「敬」之一字即包含「致知」能達「專心一致而無昏惑紛擾」；「力行」能達「專主考意而無怠惰放肆」。〈學規〉所錄「敬」之一言，可以說是胡氏以「敬」貫通於全體「知行之功」時，最精義之要點。其中其〈進學箴〉亦言：

> 存誠主敬，立我根基。匪敬匪誠，外物昏之。其誠伊何？盡厥真實，
> 其敬伊何？容莊心一。誠敬既立，本心自存。虛靈不測，是曰天君。
> 既事既物，務窮其理。理無不窮，其知乃至。理雖在事，實備吾身。
> 力行既久，全體皆仁。舉而措之，家齊國治。聖人能事，此其畢矣。
> 〔註59〕

此〈進學箴〉中，以「存誠主敬，立我根基」一句為核心，又以「理雖在事，實備吾身。力行既久，全體皆仁」為窮理致知工夫中，一切歸結之所在，其實這一論點也包含了前論所提，胡氏的工夫論由朱子的外攝之法轉向為內攝之功。但此部分的重點，基本上還是歸結在「誠敬」之法，最終則可落腳於所謂「全體皆仁」、「家齊國治」之傳統儒家成聖成德的依歸。又從「聖人能事，此其畢矣」一語則更加肯定了以「誠敬」立身，實本乎於聖人所立身處世的核心原則。

上述內容都能直截表示，胡居仁對於「敬」的把求與實現上極度的重視，可以說胡氏之「敬」，即是他所立身處世最核心根本之處。又胡氏「敬齋」之名實也出自於對於「敬」的重視而立，如清儒張伯行（1651～1725）所撰胡氏之〈傳〉中亦言：「長從吳康齋講學，慨然以斯道為己任。不尚記誦、辭章而專心內治。以主忠信為本，求放心為要，出入起居以敬為主，因名其齋曰敬齋。」〔註60〕當中不僅顯示胡氏「敬齋」之名的由來，「不尚記誦、辭章而專心內治」也說明了其前文中，反對多數俗儒好記誦、辭章而獲功利之學者的不同。而此部分中的「內治」，實則是「敬」所蘊含之修身成德工夫。對胡氏來說「敬」這一字，不應解讀為心學、釋老工夫中之「靜」，這種靜態性的工法；相反地，胡氏之「敬」相較於「靜」而言，則更顯活潑性且蘊含能動性，這也是為何《明儒學案》、《明史》都以「敬」為其思想核心與特點之處。

〔註58〕　（明）胡居仁撰、馮會明點校：《胡居仁文集·續白鹿洞學規》卷之二，頁208。
〔註59〕　（明）胡居仁撰、馮會明點校：《胡居仁文集·進學箴》卷之二，頁193～194。
〔註60〕　（明）胡居仁撰、馮會明點校：《胡居仁文集·傳》頁138。

一、「敬」之意義

胡居仁對於「敬」這一字，實包含著多種的含意，「敬」不僅有時表示對內在的涵養，有時也表示對外在的專注之情，而這兩種又歸屬於「抽象義」之部分。「敬」在「實質義」的部分，則是有關於主體外在形象的保持，如「端莊整齊」、「嚴威儼恪」、「戒慎恐懼」等外在威儀的部分。故而，對胡氏而言，「敬」不僅作為其工夫理路的基點與核心，「敬」更包含著其自身的人生哲學、處事原則，如其言：

> 聖賢工夫雖多，莫切要如敬字。敬有自畏慎底意思，敬有肅然自整頓底意思，敬有卓然精明底意思，敬有湛然純一底意思。故聖學就此做根本，凡事都靠著此做去，存養省察皆由此。〔註61〕

胡氏將古聖先賢所有的工夫理路，歸結於「敬」之一字，其不單單只是提出一個「敬」的概念，而將其置放在整部工夫思想的至高處，此段引文實表明胡氏之「敬」至始至終都是貫通於「內外」之思路。「敬」所涵攝之意義歸所，不僅包含著外在「肅然自整頓底意思」、也包括自我內在「卓然精明」、「湛然純一」。又如同前文曾提及胡氏對「敬」的總體義：「敬者，一心之主宰，萬事之本根。」「敬」既然作為萬事的根本，故而涵攝「未發」、「已發」。「卓然精明」與「湛然純一」雖字面上而言，看似屬抽象性上的內在自我把握，實際上兩者包含著「未發」時的「收斂身心、不放失本心」；「已發」時的「專一集中，專注考究事理」。這也就說明胡氏最後所言「故聖學就此做根本，凡事都靠著此做去，存養省察皆由此。」一切的工夫門徑，「敬」不只從入門處就顯得至關重要，更是作為一切工夫本源的核心，「存養省察」的工夫實際上也必須由「敬」作為根本之體。

承上引文，故而胡氏的「敬」實則包含三個基礎要點：其一，「敬」從實質義來看包含著主體外在上的收斂，即容貌上的端莊嚴肅。其二，「敬」從抽象義來看包含著主體未發時的收斂身心，即心上的不放馳妄想。其三，「敬」從抽象義上又包含著主體已發時的專一考究，即心中專主於所窮究之物。〔註62〕不

〔註61〕（明）胡居仁撰、馮會明點校：《胡居仁文集·學問》卷二，頁22。

〔註62〕就其一：如〈學問篇〉所言：「正容體、整威儀，便是立敬之規模。」就其二：如〈續白鹿洞學規〉所言：「敬只是主一也，主一則既不之東，又不之西。如是則只是中。既不之此，又不之彼，如是只是內。存此則自然天理明，學者須是將敬以直內，涵養此意直內是本。」就其三：如〈心性篇〉所言：「所謂敬者，只是專一謹慎，無事時心專一在此，不敢怠惰，有事時心亦專一在此

過胡居仁在論述時，有時會聚焦在單一論題，有時則又各有偏重，但總歸而言三者應視為交互涵攝的工夫。

首先，胡氏對於「敬」體現於主體的外在形貌是極其重視的。雖然程朱也重視外在形體的把持，但胡氏對外在意涵的重視，乃因連結著「敬」中涵攝的「動靜內外」、「未發已發」等論題。其言：

> 嚴威儼恪，非敬之事，但致敬自此入。〔註63〕

> 人莊敬，體即立，大本即在。不然則昏亂無本。〔註64〕

> 敬是莊嚴畏謹之意，程子說「主一」，是直截在心地上做工夫。〔註65〕

> 端莊整肅，嚴威儼恪，是敬之入頭處。提撕喚醒，是敬之接續處，
> 主一無適，湛然純一，是敬之無間斷處。惺惺不昧，精明不亂，敬
> 之效驗處。〔註66〕

胡氏的「敬」在最基礎的原則下，他認為應把握個人主體外在容貌上的端莊整齊。因此，胡氏才言「但致敬自此入」、「是敬之入頭處」，因為在他看來「內在」上、「心」上的把持是最為困難之處，且人心既然是人類最靈秀之物，當然在把持上的難度也就比外在的容貌體態困難許多。但胡氏秉持著「內外一體」的根本原則，內在的專一固然有其深遠的難度，但是人應該先就外在的容貌上，先做到端莊整齊等體態把持，外在上若能做到「端莊整肅」、「嚴威儼恪」，自然也就離把持內在之心要近的多。故而胡氏言「人莊敬，體即立，大本即在，不然則昏亂無本」，外在上的莊敬就胡氏的整體工夫來看，不僅是最容易把握，其實也是最根本的要點，若是一個人連對於主體容貌上都做不到端莊、莊敬，自然後面的工夫也就不必多談，形貌上的端莊整肅實乃胡氏整體工夫上之「根本」。又胡氏曾言：「人若端莊靜一，則天理即存，大本自立。及其至也，篤恭而天下平，一不莊敬，則百邪交侵，不待形於外，而天理

事上，不敢怠惰。所以無事時心湛然在內，有事時即是這簡心去應察處置。所以動靜表裏本末共此心，只是簡專一畏敬。」但胡氏之「敬」本涵攝其中三點，故關於第三條引文所列，嚴格來說應是第二、第三點相攝之內容，又應視為其「敬」中所攝之動靜、未發已發本一的觀點。參見（明）胡居仁撰、馮會明點校：《胡居仁文集‧學問》卷二，頁24。〈續白鹿洞學規〉卷之二，頁207。〈心性篇〉卷一，頁18。

〔註63〕（明）胡居仁撰、馮會明點校：《胡居仁文集‧續白鹿洞學規》卷之二，頁208。
〔註64〕（明）胡居仁撰、馮會明點校：《胡居仁文集‧心性》卷一，頁17。
〔註65〕（明）胡居仁撰、馮會明點校：《胡居仁文集‧心性》卷一，頁17。
〔註66〕（明）胡居仁撰、馮會明點校：《胡居仁文集‧學問》卷二，頁24。

根原喪於內矣。」〔註67〕形體上的莊敬，實則與內在本源交相呼應，容體莊敬則百邪不侵、天理所本則不喪於內，外在的莊重與內在的天理實彼此相互濟助。而其中「程子說『主一』，是直截在心地上做工夫」，關於「主一無適」之論題，實則已統括在胡氏對於「敬」的描述上，又如其中所言「主一無適，湛然純一，是敬之無間斷處」與〈續白鹿洞學規〉所言：「所謂敬，主一之謂敬；所謂一，無適之謂一。且欲涵泳主一之義，不一則二三矣。至於不敢欺，不敢慢，尚不愧於屋漏，皆是敬之事」〔註68〕已從程頤「主一無適」的立論中，更加擴大與展開「敬」的內容，「敬」又包含著道德意義上的「不欺、不慢」。

其次，前論雖然主要是關於「敬」在容體上的把握，但必須注意的是，並不是說「敬」可以割裂為內在、外在。胡氏是相當重視這兩者的調和，只能說在初學工夫上的入門者，因為大體未立、根本未定，所以可以先在容貌上，這種容易把握的實體上做基礎工夫，藉由持續外在容體上的進步，進而一步一步的推展至內在的工夫，所以前面引文中除了第一、二則對於工夫根本上的確立之言外，第三、四則都不僅只關注於容體上的把持，而這種內外在上融合協調的重視，也正是胡氏重視的「內外一體」，這種將「內外」、「動靜」、「體用」貫通一致的思想原則，實則為胡氏工夫思想之根本態樣。

延續著這種思路在胡氏〈學問〉篇當中「敬」也有更多的展開：

> 古今聖賢說敬字，曰「欽」、曰「寅」、曰「恭」、曰「畏」、曰「翼」、
> 曰「戒懼」、曰「戰兢」、曰「齋莊」，字雖不同，其實一也。《洪範》
> 「貌曰恭」，是外面之敬也。至曰「恭作肅」，則心亦敬也，內外一
> 致也。〔註69〕

其將歷來有關於「敬」字所涵攝的意義做一歸納，並與「戒慎恐懼」、「莊敬嚴肅」、「恭敬有禮」做連結，認為古今聖賢所說的這些字詞的內在義，其中都是一致的，這其中的一致性又分做兩個部分：一則是「外在之敬」，即《洪範》所言之「貌曰恭」；二則是「心亦敬」（內在之敬），即《洪範》所謂「恭作肅」的部分。胡氏也以《尚書・洪範》將其中有關於「敬」所涵攝之意義統合起來，並以「內外一致」一語做總結。此引文也顯示著，胡氏重視「內在」與「外在」上的一致性、與其融合協調、統體為一的立論方式。

〔註67〕（明）胡居仁撰、馮會明點校：《胡居仁文集・學問》卷二，頁 37。
〔註68〕（明）胡居仁撰、馮會明點校：《胡居仁文集・續白鹿洞學規》卷之二，頁 208。
〔註69〕（明）胡居仁撰、馮會明點校：《胡居仁文集・學問》卷二，頁 22。

　　總結來說，胡氏對於「敬」的內在含義，除了上述主體對於外在容貌體態的把持之外，其立論最重要的部分更應是「抽象義」的部分，也就是「敬」對於主體「心」上所做的未發與已發的工夫。不過要注意的是，胡氏所謂對於「心上的敬」，基礎的本質還是界定在程頤的「主一無適」與朱子對「敬」成始成終、貫通動靜的思想。本質上還是著眼於〈朱子行狀〉所謂「所以成始成終」、「致知不以敬，則昏惑紛擾，無以察義理之歸；躬行不以敬，則怠惰放肆，無以致義理之實」，〔註70〕只是對胡氏來說，朱子這種對應於「知行關係」上的「敬」，已經被胡氏消融為其「敬」中所本有、應有的必然狀態，並包含於其中的基礎內容。胡氏之「敬」也藉由這本有之性質，更加著眼於「敬」主乎於「心」時，「心」所對應之「已發應事」（專意窮究客觀事理、物理）、「未發涵養」（內心不紛亂駁雜、專一持守不受打擾）之間的相互涵攝、貫通之關係，與「敬」用於現實修養中所具的實質意涵。

二、未發之敬——未發時思慮未萌之涵養

　　胡居仁的「敬」貫通著「未發」、「已發」、「體用」、「動靜」等原則，雖然這其中的基礎概念已為朱子所本有，但其與朱子不同的是，胡居仁更加注重「敬」在「未發」和「已發」的分別。這其中筆者亦認為與學術風氣上的時代背景有關，因為心學思潮中的默坐澄心、涵養本心等以「靜」為主的修養工夫漸趨蓬勃，故胡氏必須劃分清「敬」與「靜」的界線。所以相較於朱子，胡氏工夫論中的「敬」又析論的更加細緻。

　　其中，「未發」的概念在工夫上與「靜」有相近處，故而胡氏在處理這個論題上，以此回應：

> 今人言心學者，便要說靜時無心。居仁問之：「設若無心，亦須有理？」彼又應曰：「靜無而動有。」彼信以為靜時真無心與理矣。夫天命之性，與生俱生，不可須臾離。故靜而未有事接之時，則此心未動，此理未發。然此時此心寂然在內，此理全具於中，故戒慎恐懼以存養。若真無心與理，又戒慎做甚？又存養個甚？必有物在內，

〔註70〕朱子門人黃榦曾在〈朱子行狀〉言：「其為學也，窮理以致其知，反躬以踐其實，居敬者，所以成始成終也。謂致知不以敬，則昏惑紛擾，無以察義理之歸；躬行不以敬，則怠惰放肆，無以致義理之實。」參見（宋）朱熹撰、陳俊民校編：《朱子文集・朱先生行狀》頁5411。

故須主敬，須存養。〔註71〕

胡氏認為，「未發」的「主敬」、「存養」與心學者的「靜」，最大的不同莫過於未與事物相接時的主體狀態。對胡氏來說，即使主體處於寂然不動，主體之「心」仍持守著「理」。而就是因為未發之時「心」能有所持守，故而「理」同俱在，所以主體在未與事物相接時能保持著戒慎恐懼的狀態，並以此警惕存養著主體之內心，這與心學家的「靜無而動有」實屬分別。對胡氏來說，儘管主體未發時不與物相接，但「心」、「理」卻具在不移。也因如此，主體才需要透過戒慎恐懼、嚴肅端莊等持守之道存養，這與心學家「靜」時所強調的「空虛」、「無思無念」是截然二分的。而胡氏強調「未發」時的這種揣懷戒慎之感，也是為了涵養具有超越義、主宰義且與「天理」同一的「心」，並以持續的工夫涵養，將內外融合成端莊齊一的湛然主體，以此回歸前論中「心正、心存」則能「內外合一」的境界。這也是胡氏在強調「未發」之時，連結其所看重、定義的「心」之延續。

而窮理致知的方法論與「未發之敬」的修養論所相互涵攝的論題，胡氏則言：

窮得此理，須敬以存之，方不失。或曰：「未窮理時如何？」曰：「未窮理時，固當主敬以立其本。」〔註72〕

敬為存養之道，貫徹始終。所謂「涵養須用敬，進學則在致知」。是未知之前，先須存養此心，方能致知。〔註73〕

就「窮理」來看，雖然是主體由外而內的工夫，但主體並不是時時刻刻都在窮理，且窮理的過程與終點對於不同的個體也有程度上的差別，但是可以肯定的是，胡氏就「未發之敬」的「存養」之功則具有普遍義。主體也應以「未發存養」之功使從前所窮之理不怠慢、失去；又即使不為窮理之功時，胡氏也認為應當以「主敬」（實與未發涵養相當）來立其根本。其次，「是未知之前，先須存養此心，方能致知」結合前述來看，胡氏應認不論「窮理」或「致知」之前，都應該以「未發時的存養」來修養主體，這在〈經傳〉篇中也有所言明：「或問：『存養在致知之先？在致知之後？』曰：『未知之前，非存養則心昏亂，義理之本源已喪，何以能致知？既知之後非存養，則亦放逸偷惰，

〔註71〕（明）胡居仁撰、馮會明點校：《胡居仁文集・心性》卷一，頁14。
〔註72〕（明）胡居仁撰、馮會明點校：《胡居仁文集・學問》卷二，頁29。
〔註73〕（明）胡居仁撰、馮會明點校：《胡居仁文集・學問》卷二，頁23。

天理隨失，何以保其知？先儒言未知之前，非敬無以知；既知之後，非敬無以守。』」〔註74〕整體來看，「存養」（即「敬」）本應貫穿「未發」、「已發」、「致知之前後」，但若單就「未發」與「致知之前」來看，「致知前」的「未發存養」主要是為了使「心」不放失、昏亂而喪其義理之本，實與胡氏常言的「立大本」同合而一。總而言之，「未發存養」對主體而言，不僅有助於從前所窮得之知（理）不失，還能以此為本推進未致之知、未窮之理的進程，並以此存養其大本，一步一步邁向天理、邁向聖人大道。

最後，就「未發」來看，胡氏則言：

> 未發之時，事物之理已具，但未發耳，此時不容求索，只敬以自持。
> 〔註75〕

> 道理本全具。未發時敬以養之，莫令有偏也〔註76〕

結合前文討論胡氏心性論中「心與理一」的要點，其肯定著主體之心本身具有與「理」相當的本質，但這並不代表他如同心學的「內求本心」。相反地，胡氏一方面強調「心」與「理」的連結（更因此提高「心」的主動義），一方面強調現實主體藉由「未發時」的「存養」之功，將本心所得、所知、所有的「義理之本」持續不間斷的涵養，使其無有偏滯，故而「此時不容求索，只敬以自持」一言也更顯示其與心學家之不同。

總結來說，胡氏在「敬」的論題上，因更加強調「心」與「理」的連結，更甚至於「現實」上的作用性、實用性。故而胡氏相比宋人而言，更加提高了主體在現實上的工夫修養，進而才連同「心」的地位也一併提高。從他特別針對「敬」上的「未發」說明來看，一方面是為了以此與心學有所分別，一方面則是因更加強調與著眼，形下現實世界中的實質意涵，致使胡氏對主體修養論與方法論中涵攝交致的「存養之道」著墨甚多，而這些要點實則與「已發之敬」的看重相當。更應該說，二者本沒有孰輕孰重之分，「未發」與「已發」分論上的注重，本屬胡氏「敬」之思想中的特色。

三、已發之敬——已發時思慮已萌之專主

「已發之敬」（主敬、涵養）的概念可以歸結主體與事物有所相接，或

〔註74〕　（明）胡居仁撰、馮會明點校：《胡居仁文集·經傳》卷八，頁93。
〔註75〕　（明）胡居仁撰、馮會明點校：《胡居仁文集·經傳》卷八，頁95。
〔註76〕　（明）胡居仁撰、馮會明點校：《胡居仁文集·經傳》卷八，頁96。

是主體對某一客體進行窮理致知工夫時，所表現的修養狀態。如胡氏曾言：「窮得此理，須敬以存之，方不失。」〔註77〕此處的「敬」就偏向「已發」涵養時對窮得物理時，當下的持敬專一狀態。基本上，對胡氏來說，已發涵養的工夫其實與「未發涵養」兩者應屬並行的內容，但「已發之敬」更多的是在強調有所思慮、思考、窮究時主體的專注工夫。如其言「主敬只是要得此心專一，專則內直，中自有主。有主則事物之來，便能照察斷制。」〔註78〕這裡的主敬雖然綜論未發、已發涵養工夫的意味，但更多的是強調主體與外在相接時，「心」所處的修養狀態，也亦即偏向在「已發」專意考究的內容上。

　　而關於窮理致知的方法論與主敬涵養（已發）所交涉的內容，胡氏則言：

> 人有過，貴於能悔。悔而不改，徒悔而已，於己何益？改過最難，須著實做得操存省察工夫，使吾身心謹密，放僻之心不生，則大本堅固，過失隨覺而不行也。若欲防患於預，須以敬為主，不使須臾慢忽，又常觀書求義，浸灌此心悅懌，使過失不萌，更妙。〔註79〕

其中的「操存省察工夫」、「須以敬為主」，其實所涵攝的意義都包含著「已發」時主體的修養內容。如胡氏認為操存省察目的在於使主體的身心謹密，以使放僻邪佞之心不能萌生，並使內心大本正固，雖然此部分與「未發」時的存養有關，但「已發」的涵養工夫，本接續著「未發」時的不偏不滯而來，只是「已發」時因主體思慮已萌、本心已動，所以行省察之工夫，不僅是持續、且是「有意識」的保持「未發」的持敬狀態。更重要的則是以「已發」時的主敬工夫，不使內心有須臾慢忽之偏；以「已發」的主敬涵養，窮理致知於胡氏所推崇的「讀書」工夫。結合起來，即能使本心不偏不滯，同時還能以窮理致知灌溉本心天理，通達聖賢大道。

　　如同「未發」的概念一樣，「已發」的窮理致知論題，也有「存養」的內容，「存養」的內容並不單單只用以描述「未發」的狀態：

> 敬為存養之道，貫徹始終。所謂「涵養須用敬，進學則在致知」。是未知之前，先須存養此心，方能致知。又謂「識得此理，以誠敬存之而已」，則致知之後，又要存養，方能不失。蓋致知之功有時，

〔註77〕（明）胡居仁撰、馮會明點校：《胡居仁文集·學問》卷二，頁29。
〔註78〕（明）胡居仁撰、馮會明點校：《胡居仁文集·學問》卷二，頁23。
〔註79〕（明）胡居仁撰、馮會明點校：《胡居仁文集·經傳》卷八，頁101。

存養之功不息。〔註80〕

從「敬為存養之道，貫徹始終」表明著胡氏之「敬」關於「未發」、「已發」的貫通義，這也顯示其強調「敬」的分論同時，最核心的要點依然是「未發」、「已發」的互相涵攝。而到「存養此心，方能致知」以前則主要偏重在「未發涵養」的命題上；但「以誠敬存之」、「致知之後，又要存養」則偏向「已發涵養」的部分。胡氏對「存養」一詞的涵攝義往往涉及「未發」、「已發」的兩層涵義，「未發存養」主要偏重在「心」的「中正持守」；「已發存養」則偏重在「心」對某一客體上的「把持專注」。如胡氏言「識得此理」以後，實屬關於「已發」的概念，「誠敬」與「存養」一詞在其思想中，基本上都是為了表明主體主「敬」時，現實實際狀態上的描述，故「誠敬」與「存養」本質上是包含著「敬」所涵攝的「未發」、「已發」之義，但細節上的分析來看，又應在論述時的情境而有所偏重。

最後，就「已發」的分論上更加細緻的描述，胡氏則言：

> 事物既接，思慮一動，則便是已發，便當省察。然其已發之理，便是未發時的理，體用本末實一貫。〔註81〕

> 道理本全具。未發時敬以養之，莫令有偏也；已發時敬以察之，莫令有差。內外動靜，交致其功。〔註82〕

胡氏所言「事物既接，思慮一動，則便是已發」顯示了他對「已發」概念上的定義，這也符合筆者前述中認「已發」為「心」對某一客體（但凡能被思慮之客體）上的修養狀態。又如同其言「已發時敬以察之」則更顯現主體行「已發之敬」時的主動性，在「已發」的論題上胡氏將其與「未發」兩者清楚的分界，但與此同時也依然強調兩者的連貫性與一致性，如「已發之理，便是未發時的理，體用本末實一貫」、「內外動靜，交致其功」都表明了二者不離不雜的一體性，「已發之敬」需要「未發之敬」的存養才能有所本源；「未發之敬」則需要「已發之敬」的省察專主才得以完整與顯現。

四、敬貫未發已發──皆須以「敬」為本，以「涵養」主體

結合前論對於「未發涵養」、「已發涵養」的了解，儘管胡居仁強調著

〔註80〕　（明）胡居仁撰、馮會明點校：《胡居仁文集・學問》卷二，頁23。
〔註81〕　（明）胡居仁撰、馮會明點校：《胡居仁文集・經傳》卷八，頁95。
〔註82〕　（明）胡居仁撰、馮會明點校：《胡居仁文集・經傳》卷八，頁96。

「敬」在「未發」與「已發」上的分界，但兩者並非是分別開來而自成一體的工夫，兩者應是不離不雜、無始無終的工夫循環過程，且此循環不應有所偏重、間斷抑或是將其割裂。「未發」需要透過「已發」才得以實現所持守之理；「已發」需要透過「未發」才能使「已知之理」涵存於心，也才能在探求「未知之理」時使心境無有雜染。

　　胡氏同時強調「敬」所涵攝的「存養」之義時所關乎「知行」前後問題，則言：

> 或問：「存養在致知之先？在致知之後？」曰：「未知之前，非存養則心昏亂，義理之本源已喪，何以能致知？既知之後非存養，則亦放逸偷惰，天理隨失，何以保其知？先儒言未知之前，非敬無以知；既知之後，非敬無以守。」又曰：「敬者，聖學之所以成始成終者也。」又問：「存養屬知？屬行？」曰：「存養乃知之本，行之事，此未行之行也。」〔註83〕

「存養」並非單屬於「未發」或是「已發」的內容，也不單屬於「致知之前」或「致知之後」。「未知之前」要以存養使心地不紛亂、昏雜以保義理之本源；「既知之後」也要存養使心地不偷懶怠惰，以使不怠慢、失去其所知之知。「存養」看似是一個「已發」時的行為，但應貫通於「未發」、「已發」之中。如其在「知行」的關係中，胡氏所言「存養乃知之本，行之事，此未行之行也」應該關注於存養所展現的「知之所本」、「行之所事」之上。

　　而「敬」所貫通於「未發」、「已發」的一本原則，胡氏則言：

> 未發之時，事物理理已具，但未發耳，此時不容求索，只敬以自持。事物既接，思慮一動，則便是已發，便當省察。然其已發之理，便是未發時的理，體用本末實一貫。〔註84〕

> 道理本全具。未發時敬以養之，莫令有偏也；已發時敬以察之，莫令有差。內外動靜，交致其功。〔註85〕

即使其對「敬」所分論的「未發」、「已發」問題相當重視，但這並不代表兩者是獨立於彼此的命題。相反地，若將視角放觀於整體的工夫方法上，「敬」所涵攝的「未發」、「已發」問題乃體用本末一貫的道理。「未發」時，雖然事物

〔註83〕 （明）胡居仁撰、馮會明點校：《胡居仁文集・經傳》卷八，頁93。
〔註84〕 （明）胡居仁撰、馮會明點校：《胡居仁文集・經傳》卷八，頁95。
〔註85〕 （明）胡居仁撰、馮會明點校：《胡居仁文集・經傳》卷八，頁96。

的道理本然具在，但主體人此時因不與物相接，故應當以「敬」持守本心，以待發用；而「已發」後，主體已與客體物相接，便應當以「敬」來省察照斷，以明此理之實。「敬」所包含的工夫內容應貫穿「未發、已發」、「動靜」、「體用」、「內外」、「本末」之原則。

又如胡氏所重視外在容貌體態上的部分，與「敬」貫通「內外」所交致的義涵，其則言：

> 如顏子之非禮勿視、聽、言、動雖在外，即所以養其中，蓋自中而應乎外，外不亂則內自有主，內有主則外自整齊，此敬之功所以貫內外動靜。分而言之，則靜為涵養，動為省察。統而言之，則動與靜皆所以存吾心，養吾德也。〔註86〕

「敬」所守持的「外在容體」實則也關乎「內在中主」；「內在」有所本、有所主也自然而然的相濟於「外在」的整齊容體上，「敬」之工夫不僅規範著「內外在」的「一致性」與「關聯性」，實也關乎於「動靜」所涵義的「涵養」、「省察」概念，故胡氏言「動與靜皆所以存吾心，養吾德也」，此「敬」之工夫法乃統攝於一切主體之立身原則。

最後，從整體的思想來看，「敬」所兼具之「動靜」兩端、「體用」原則，貫通於整體工夫問題的意涵，其〈游西湖記〉當中茲可明見：

> 人之一心，動靜無端，體用全備，不可偏廢也。動而無靜則體不立，靜而無動則用不行，二者工夫，皆以敬為主乎。居處恭、儼若思、不愧屋漏，此靜時存養之敬也；執事敬、事思敬、修己以敬，此動時省察之敬也。若不主於敬，而專欲習靜，未有不入空虛者。〔註87〕

又〈學問〉篇當中更精煉此思想：

> 程子曰：「未應不是前，已應不是後。」蓋未應之時，此理全具於寂然不動之中，當此之時，敬以操存之，而未發之中，天下之大本立焉。已應之時，此理發見於感而遂通之際，當此之時，敬以省察之，則發而中節之和，而天下之達道行焉。未應，體也、靜也；已應，動也、用也。體即用所存，用即體所發，非有兩事，固無先後可言，

〔註86〕（明）胡居仁撰、馮會明點校：《胡居仁文集・經傳》卷八，頁113。

〔註87〕（明）胡居仁撰、馮會明點校：《胡居仁文集・游西湖記》卷之二，頁 188～189。

亦動靜無端，陰陽無始之意。〔註88〕

胡氏把「敬」解釋為貫通「體用」、貫通「動靜」最核心的內容，故其言「不可偏廢」、「體即用所存，用即體所發，非有兩事，固無先後可言」。實則也結合了程朱理學中，「心」作為「理」、「氣」相構才後有的體用兼備、動靜兼一之物而論，將「敬」這一工夫思想，套用在萬理咸備的人心之上，不僅在理氣心性思想上延續程朱的學說，並在工夫思想上開創了其自身的道路。如胡氏曾言：「敬者，一心之主宰，萬事之本根」，〔註89〕雖然「理」、「氣」、「心」本來有層次上的差異，但「心」既然是「理」、「氣」相構而生，以「敬」主宰這理氣同造之「心」，自然也就能主宰著主體所應之萬事，而能達到不昏亂紛擾、怠慢放肆。這種以「敬」為統體一身、主宰人體靈秀之心之論，也正呼應胡氏「心論」所言：「愚聞人之一心，萬理咸備。蓋其虛靈之體，得之於天。所以主乎吾之一身，宰制天下之事者，孰有大於此者乎？孰有貴於此者乎？然放而不存，日以昏昧，至大至貴之物，反流於卑汙苟賤之域而不自知矣。」〔註90〕「心」既是萬理咸備又主乎一身宰制天下萬事，但是此「心」若流於怠慢、昏聵、雜亂等負面影響。此心所備之咸理則不彰，且此心能宰之事也流於卑汙苟賤之地，胡氏以「敬」主「心」，其實也是以「敬」統心之性情。「敬」之一義，在其思想體系中，更明確的表示為統括現實整體生活中，貫穿一切德行德目與全體工夫。相較於程朱，他賦予「敬」更加積極、更加廣闊、更加包容之意涵。

結合上述對於「格物窮理」、「未發之敬」與「已發之敬」的了解，可以發現胡居仁是有意為「未發」或「已發」之論題做分界（其中又不致使割裂分離），這種刻意的分界，實與所承繼之程朱學系已有差異，或應說這是身為繼承程朱理路的他，在明代的學術背景之下，為了擺脫日漸弱勢的程朱學系所做的演化，並以此作為對抗「佛老」、「心學」之利器（這也解釋了胡氏更多與程朱不同的變化或偏轉，在於「心性」與「工夫」上，且這兩者中又以「工夫」為焦點）。而就「未發」、「已發」問題來看，朱子曾言：「已發未發，不必太泥。只是既涵養，又省察。無時不涵養省察。」〔註91〕朱子在工夫論上主

〔註88〕（明）胡居仁撰、馮會明點校：《胡居仁文集·學問》卷二，頁26。
〔註89〕（明）胡居仁撰、馮會明點校：《胡居仁文集·續白鹿洞學規》卷之二，頁208。
〔註90〕（明）胡居仁撰、馮會明點校：《胡居仁文集·續白鹿洞學規》卷之二，頁209。
〔註91〕（宋）黎靖德編、王星賢點校：《朱子語類·中庸一》卷六十二，頁2404。

要還是強調著「格物致知」、「涵養省察」論題上的圓融與整體性，或應說其較偏重在理論上大範圍的構築。即使朱子對「涵養」問題也有「未發」、「已發」的立論，但處理上並沒有胡氏來的細緻，又應該說朱子本著重工夫論上整體所囊括的範圍，因此論「格物窮理」以能思、能度的經驗客觀事物為本；胡氏則將「格物窮理」的重點偏向在「聖賢書」之上。回到前述朱子「無時不涵養省察」的論題，胡氏的理論雖然也囊括此觀點，但其在「涵養」與「省察」上則已經有意將其作分界，所以在論述上儘管有「未發涵養」與「已發涵養」的分別，但大部分的時候，胡氏在論「涵養」時則較偏重在「未發」的論題；而「省察」的部分，儘管「未發」、「已發」都需「省察」，「未發」要「省察」心中的不偏不滯，「已發」要「省察」應事的專注考究，但大多數「省察」則偏重在「已發」的論題。從這些方面也已能看出胡氏對程朱理路的側重之處。但即使胡氏有意分界這些論題上的意涵，兩者常常還是相濟相長的關係，如在強調「未發之敬」的論述中卻能看見有關於「已發」的影子；在強調「已發之敬」時也能發現許多有關於「未發」論題上的觀念。實則，胡氏雖然刻意將兩者做明顯的劃分及分界，但工夫思想的實行本是兩者不間斷的循環過程，故而其特意做這些分界，主要原因有二：

　　其一，當時程朱學派面臨社會時代上的考驗，其漸漸被蓬勃的心學或過往眾多士人所喜之佛學取代，又應該說此時的程朱學派，已不如程頤、朱子之時強勢，故胡氏強調工夫論上的重點並予以分界，一部分是因為工夫論相較於形上抽象的理氣論、心性論更具現實實踐意義，一部分也是因為在強調工夫論之中，胡氏對程朱學說上的省思與演進。

　　其二，承上脈絡，當時許多本以程朱學系入門，或是本以程朱學系為已道之士人，認為心學、佛學更契合於所追求形上之聖人大道，所以許多與胡居仁同時的學者、或是後學子弟（如前論中所提之同門陳獻章，在過往與其他學者之書信中曾多加抨擊），認程朱博覽約取的工夫方法太過繁瑣、複雜，轉而投向心學、佛學以探求自我主體內在之專一方法為要，故胡氏把程朱的「格物窮理」更聚焦於「讀聖賢書」之上，將程朱「涵養主敬」中的「敬」聚焦強調於「未發」、「已發」的分界，與二者實乃間斷不息的工夫循環，這樣的聚焦與強調不僅有助於扭轉程朱工夫流於支離之弊，另一方面也展現了其與心學、佛學中「靜」之意義上的學說分野。實則，胡氏這種立意，即是針對「主靜」的學者所重視的「未發體驗」、「靜中求理」、「無主於心」的方法做出了區別。

在胡居仁的論述中也能見其對「靜」的批評：

> 今人說靜時不可操，才操便是動。學之不講，乃至於此，甚可懼也！
> 靜時不操，待何時去操？其意以為不要惹動此心，待他自存，若操
> 便要著意，著意便不得靜，是欲以空寂杳冥為靜。不知所謂靜者，
> 只是以思慮未萌，事物未至而言，其中操持之意常在也……又以思
> 慮紛擾為不靜，遂遏絕思慮以為靜。殊不知君子九思，亦是存養法。
> 但要專一，以專一時自無雜慮，有事時專一，無事時亦專一。此敬
> 之所以貫乎動靜，為操存之要法也。〔註92〕

胡氏這種與「靜」針鋒相對的言論，顯示其有意識將程朱學派中的理論提煉，
並以此與心學、佛學做對抗，從他對程朱「格物窮理」思想上精煉與聚焦的
重點，與「涵養主敬」中演進與分界的強調，在在顯示其立論上的脈絡重點
為何。

　　最後，從胡居仁在「敬」的「未發」、「已發」論題上的強調與心學、佛學
的對比。如在以「未發」時主體的「收斂身心」、「戒慎恐懼」對比心學的「寂
然不動」；以「已發」時主體的「主一無適」、「專意考究」對比心學「求之於
心」（或可言「求之吾心」），前者抽象涵義上的「思慮集中」所對應者乃於
「客體物」上，後者則對應時於「主體、自我內心」上。而這些內容，也成為
胡氏思想上，對程朱思想演進上的方向脈絡。

〔註92〕（明）胡居仁撰、馮會明點校：《胡居仁文集・學問》卷二，頁25。

第四章 經世致用思想

第一節 政治思想之根基

　　前論所述，僅止於胡居仁哲學思想上的脈絡，與其工夫方法上之獨特之處。但對胡氏而言，哲學思想中的理氣、心性只是其工夫論、經世致用的基點。從其理氣延續著程朱的理路、心性進行內攝式的偏轉、本體論提高主體「心」之地位、並以貫通動靜、體用、未發已發的「敬」作為自身行道於世的核心，由此作為其思想建構上一系列不容罅縫之體系。但從前文中，其批評社會功利之風氣、老佛思想之蓬勃等，一系列針對現實之批評，也能看出胡氏理學，最終所落實之焦點，必將有別於宋儒一般專主於抽象宇宙界的形上學探究。相對地，胡氏最後將焦點放在現實上的為學、涵養工夫，主要也是為了將此一經世致用思想，由自我主體推行至各階層之國家社會大眾，上至君王、大臣，下至學者、百姓，如其〈續白鹿洞學規〉所言：「學莫先於立志，志道則心存於正而無他。聖人教人，無非講明義理以修身，然後推以及人，非徒欲其務記覽、為詞章，以釣聲名取利祿而已也。」〔註1〕又如其門人余祐所言：「先生之道本欲施之天下國家，而與斯人相忘於無言之境，奈何卒與時違，未獲小試，乃不得已而有是錄。」〔註2〕儘管胡居仁「卒與時違、未獲小

〔註1〕（明）胡居仁撰、馮會明點校：《胡居仁文集·續白鹿洞學規》（南昌：江西人民出版社，2013）卷之二，頁205。

〔註2〕（明）胡居仁撰、馮會明點校：《胡居仁文集·余祐序》（原刻《居業錄》序），頁8。

試」，但從其自身立論與余祐之言則可斷定，胡氏本意實乃推行經世致用之道，[註3]並施行於天下。總言之，胡氏整體思想之脈絡如其言：「先王之世，一道德，同風俗，故人才只是一樣。後世有道學之士、有節義之士、有功名之士、有利祿之士、文人舉子、詩人墨客，又有老釋異端之徒，倡優技術，雜然混處，所以害道敗俗，不可勝言。原其所由，皆因王政不行，小學大學之教不立，故人各以己意為學，傳習之久，遂有許多等人物。若政教立，則皆在吾化育之中。所謂節義功名利祿，文人詩人盡歸於道德，而學者亦有基本可立，不流於異流，倡優技術，亦皆變於正人矣。」[註4]這一段落，也將貫通本章節各部分，實乃胡氏經世思想之中心骨幹，即——「道德之本」、「王道之教」。

　　相較於清代以來所側重制度改革層面而言，胡居仁所論「經世」的範圍更廣。張灝言：「『經世』和許多其它的儒家基本觀念一樣，在宋明儒學的思

[註3] 本章所謂「經世」之涵義，筆者援引張灝〈宋明以來儒家經世思想試釋〉一文中，論「經世」所涵攝之三層意義，以此作為論胡居仁經世思想之背景基礎。第一層，包含著以儒家系統中，所秉持之入世精神，如其言：「『經世』這一觀念代表儒家所特有的一種基本價值取向——一種入世精神。因此宋明學者常常以『經世』與『出世』對舉來區別儒家與佛道在基本世界觀上之不同。宋儒陸象山說得最清楚：『儒者雖至於無聲無臭，無方無體，皆主於經世。釋氏雖盡未來際度之，皆主於出世。』明儒王龍谿也常常強調儒家這種獨特的入世精神，例如，『儒者之學，以經世為用』、『儒者之學，務於經世』、『聖人之學，主於經世』」；第二層，相當於宋明儒所謂的「治體」或「治道」。茲言道：「在以人世為關懷的前題上，儒家進而求建立一個和諧的政治社會秩序。這種透過政治以求化人世為一理想的社會便是經世觀念的第二層意義，這也是經世在儒家傳統裏最通常用的意義。在這一層意義上，『經世』和宋明儒學常常用到的兩個觀念——『外王』和『治平』是同義的。而與『修身』、『內聖』則常常是對舉的」；第三層，側重「外在客觀的規章制度」之意義，茲言道：「第三層意義的最好例證，就是晚清嘉道以後流行的所謂『經世之學』，當時『經世之學』之提出是藉以區別於其它三種學問——義理之學，考據之學，辭章之學。它是講究如何由制度的安排，政府多種政策的運用，以及法令規範的約束以求政治社會秩序的建立。總而言之，它是希望以外在的政治和文化力量以求達到儒家所謂的『治平』的理想。」但這並不代表宋明之際沒有這第三層意義，如其言：「許多宋明儒者並不一定用『經世之學』這個名稱，但是『經世』這一層意義則向來即有。而晚清經世之學的突出的地方，不過是在特別強調宋明儒所謂的『治法』的重要性，以有別於許多理學家由過份重視修身觀念所衍生的『人格本位政治觀』。」參見張灝〈宋明以來儒家經世思想試釋〉，《近世中國經世思想研討會論文集》（臺北：臺灣商務印書館，1984），頁 19。

[註4] （明）胡居仁撰、馮會明點校：《胡居仁文集・帝王》卷四，頁 61。

想脈絡中，它的意義不是孤立的，不是單元的，而是與許多其它的儒家基本觀念，互相纏繞，息息相關。因此『經世』觀念的意義必須由它在整個宋明儒學的義理架構中的位置而定。換言之，『經世』就其作為儒家人文精神的一種基本價值取向而言，是不能和儒家的成德精神與宇宙觀分開來考慮。它們，直接或間接都與『經世』觀念所代表的入世精神有關聯。」〔註5〕而胡氏所注重「經世」意義上之「君臣關係」（君臣順理問題、王道霸道之別）與「社會風氣」（功利、巧計氛圍）實涵攝於張灝所提出之前二層經世涵意。

一、天理為本的政治觀

（一）君臣順理相契以行事

在胡居仁的視野裡「國家」—「社會」—「個人」三者關係緊密，當一國之君與其臣子能順乎其理，相知相契地齊心為國家政事兢兢業業，所推行之政、所處事之德，是能擴展推及至整體社會人民的，這種觀點實與《論語》「子帥以正，孰敢不正？」〔註6〕、「君子之德風，小人之德草」，〔註7〕有異曲同工之妙。對此胡氏則言：

> 在上者身既修，理既明，則德望素著，不待政教號令之出，而民已歸服景仰。況於設施之際，事得其宜，政教號令既出，刑罰既施，如雨露霜雪，又何民之不感悅畏服乎？〔註8〕

雖然胡氏此言，主要界定在「上位者」（君臣）與「下位者」（百姓）之間的關係，但其中所蘊含之本質，實同樣適用於「君王」與「臣下」之間。所以同樣的，若身為上位者的君王「身既修而德望素著」，臣下既秉持著君王順理之德，其施政於民時，不待政教號令民眾早已歸服景仰。這之間的本質關係，其實就在於君王能體察自身，並以此修身之道，使天理澄明於己，並能以所涵養之德與其臣下相互配合。其中的必然性，如就胡氏末句所言「又何民之不感悅畏服乎？」實則，也能看出上位者自我修德之重要，對於國家全體所影響所產生之脈絡關係。

〔註5〕張灝：〈宋明以來儒家經世思想試釋〉，《近世中國經世研討會論文集》，頁4。
〔註6〕（宋）朱熹撰：《點校四書章句集注・顏淵第十二》（北京：中華書局，1983）卷六，頁137。
〔註7〕（宋）朱熹撰：《點校四書章句集注・顏淵第十二》卷六，頁138。
〔註8〕（明）胡居仁撰、馮會明點校：《胡居仁文集・帝王》卷四，頁63。

前論的範圍還只是對於上位者的德行、修持己身以由上而下的推展其德望。若將範圍更聚焦於「君王」—「臣下」之關係，胡氏則言：

> 天下事必君臣相遇，而後可以有為。上者，如湯之於伊尹；高宗之
> 於傅說；文王之於太公。次者，如桓公之於管仲；燕昭之於樂毅；
> 高祖之於子房；先主之於孔明，皆君臣相知相契之深。〔註9〕

對胡氏來說，君王自我的修持對於一個國家而言固然重要，但這只是君王作為上位者本應具備的基本要素，其認為一個國家政令能施行有度、萬事有為，其中的應然關係則是君臣之間的相合默契（德行之相合）。如開頭所言「天下事必君臣相遇，而後可以有為」就表明了「事有為」—「君臣相遇」這樣的承接關係。但君臣相合也是有等第之分，其中的等第之別應是以「君王之德行」作為依據：被胡氏評為上者，都是儒家思想中三代之明主，如「商湯」、「武丁」、「周文王」，如對文王曾言：「文王得太公，便載之後車，是相知相契深，故敬之至，禮之重。」〔註10〕文王之舉皆出自順理之所為；而次一級者則如「齊桓公」、「劉邦」等，雖其強於一般人且貢獻良多，但也因為介入了「功利」之人欲，故其評論桓公與高祖：「春秋之時，霸主之有功於中國，莫大於齊桓、晉文、晉悼。然桓公之才大，晉文之才雄，悼公之才高。惜其無學力，故天理不明，急於功利。」〔註11〕、「漢高祖只勝得一箇無仁義底人，若遇仁者，高祖便着臣服。韓信只勝得無智勇底人，若遇智勇，韓信計不能施矣。」〔註12〕而就劉備與孔明之組合，儘管胡氏對孔明多有所稱道，但上者與次者之分別，胡氏基本上還是以君王之德行為主。或許對胡氏來說，儘管劉備與孔明這個組合，勝過劉邦與張良、桓公與管仲，但他們對於胡氏而言也無法與三代之主並列，故將其排序為次者。〔註13〕不過，即使在胡氏的視角裡，

〔註9〕　（明）胡居仁撰、馮會明點校：《胡居仁文集・帝王》卷四，頁51～52。

〔註10〕　（明）胡居仁撰、馮會明點校：《胡居仁文集・帝王》卷四，頁52。

〔註11〕　（明）胡居仁撰、馮會明點校：《胡居仁文集・帝王》卷四，頁55。

〔註12〕　（明）胡居仁撰、馮會明點校：《胡居仁文集・帝王》卷四，頁52～53。

〔註13〕　筆者這樣推論，實乃胡氏雖將劉備與孔明這個組合，與桓公、劉邦之組合相提並論，但在胡氏的言論之中，卻不曾對劉備發出如桓公、劉邦之批評言論。且胡氏在評論時，雖然大多先以「君」為主，再論其「臣」，但胡氏對孔明之稱道，實難將之與其所批評之「劉邦—張良」作並列，如其言：「自孟子後千四百年，無人見得此道分明。董子見其大意，孔明天資有暗合處，韓退之揣見彷彿，至程朱方見得盡。自朱子後，無人理會得透徹，真西山庶幾。」又如胡氏認孔明用小人魏延之才，實同於堯帝用四凶，將孔明之德與堯帝並舉：「君子小人自不相容，其類不同也。君子進，則小人退；小人進，則君子退。

品級有所分別，但這都不妨礙他們屬於相知相契者。

　　前述君臣之間的相知相契還僅止於政事，胡居仁認為相知相契之外，君王也必須做到能「善將將者」，此「善將將者」之範圍不僅止乎於「政事」之類，如其言：

> 古之善將將者，舜征三苗而用禹，湯伐桀而用伊尹，武王伐紂而用尚父，此乃善將將也。如漢高用計謀以馭韓、彭，又使韓、彭不得其善終，可謂之善將將乎？或言光武善將將，許多功臣，皆得善終。曰：「光武亦非善將將者。古之善用人者，盡其才，進其德，保其身。誠感其心，用盡其才，位稱其德，賞當其功。故各止其所，各安其分，何用許多智計以制服之乎？」〔註14〕

胡氏認為，所謂「善將將者」並不單單只是字面上「因才用人」之意，其中的內涵必須包含三個條件：「盡其才」、「進其德」、「保其身」。所以，縱然劉邦能盡韓信、彭越之才，但因不保其身，故不能謂「善將將者」；而光武帝雖才高德大又能保其功臣之善終，但胡氏亦認為非善將將者，雖然胡氏未曾言明，不過筆者推論或許與光武帝為政其間之缺點有關。〔註15〕所以，真正的「善將將者」

未有君子小人共治者也。然則堯用四凶，豈不是小人？曰：『堯，聖人也。聖君德盛勢重，方可因其才而用之。』『孔明用魏延如何？』曰：『魏延雖小人，非是大姦惡，故孔明亦因其才而用之。』」故筆者推論，儘管胡氏分品第之別，雖以君王之德為主，但其中劉備與孔明之組合或應更勝劉邦與張良、桓公與管仲之組合，只是三代之主在儒家聖王之體系中，早已有不可超越或與之比擬之地位，故胡氏才將劉備與孔明之組合與劉邦、桓公並舉。參見（明）胡居仁撰、馮會明點校：《胡居仁文集·聖賢》卷三，頁40。《胡居仁文集·帝王》卷四，頁60。

〔註14〕（明）胡居仁撰、馮會明點校：《胡居仁文集·帝王》卷四，頁57。

〔註15〕雖然歷史上對光武帝評價，相對於大部分君王是較高的，但其任內也有部分缺點。《後漢書》就對光武帝理下外戚之禍作批評：「光武皇帝慍數世之失權，忿彊臣之竊命，矯枉過直，政不任下，雖置三公，事歸臺閣。自此以來，三公之職，備員而已，然政有不理，猶加譴責。而權移外戚之家，寵被近習之豎，親其黨類，用其私人，內充京師，外布列郡，顛倒賢愚，貿易選舉，疲駑守境，貪殘牧民，撓擾百姓，忿怒四夷，招致乖叛，亂離斯瘼。怨氣並作，陰陽失和，三光虧缺，怪異數至，蟲螟食稼，水旱為災，此皆戚宦之臣所致然也。」《資治通鑑》也批評光武帝好圖讖與不信讖之大臣衝突，還有其感情用事，如記其喜圖讖：「帝好圖讖，與鄭興議郊祀事，曰：『吾欲以讖斷之，何如？』對曰：『臣不為讖。』帝怒曰：『卿不為讖，非之邪？』興惶恐曰：『臣於書有所未學，而無所非也。』帝意乃解。」、「帝謂譚曰：『吾以讖決之，何如？』譚默然，良久曰：『臣不讀讖。』帝問其故，譚復極言讖之非經。帝

前述三項條件必然缺一不可，且其中之內涵也在於胡氏之末語：「故各止其所，各安其分，何用許多智計以制服之乎？」這也是三代聖王所行之道。

總結來說，君臣相知相契的重要，不僅只是這些上位政治者之間的互動關係，應聚焦於胡氏認此互動之本質，所乘載國運之興衰。其中之關係整理如下：若君王有意識的進德修業，且言行舉止都順理而為，自然有能有德之臣會親近君主，亦如胡氏所言：「大抵君臣相合，各從其類。好道之君，方能用有道之臣；好利之君，必用計利之臣。」〔註16〕上下之間以德交流，並以國家天下為己任，且懷揣國家大事為首當者。如此一來，則能合於三代之明主之德，安其天下、保其大國、君臣互信互賴，並以此國家內部之基點，從君王個人出發，與臣下之互動以「盡其才」—「進其德」—「保其身」—「誠感其心」—「賞當其功」為順理之要點，進而推行到社會中各階層之領域，最終使社會以此美德氛圍，浸潤百姓個人心中，促使整個國家社會，上至君王、大臣，下至農、工、商之百姓，都能以此發展出有德、良善且富含效率之積極意義，推動國家整體之進步。這也是胡氏一直強調君臣相遇初始，君臣之間不能以「功利」、「巧計」等，基於「私」心作為互動基礎，否則這種以「私」為主之循環，也如同上面所呈現的系統一般，由上而下的影響著整個國家社會；更甚者，將致使國家社會動盪不安、且充斥著個人功利主義之私心，危害甚深。

（二）以功利相濟者鮮能保其終

關於君臣以「私」心所造成之影響，胡居仁著墨甚多，不僅批評各朝代當朝之問題，若將國家之範圍縮小至個人，其對君王與臣下之間互為功利、不以道合有著更多詳細之批判，這種君臣互相利用之情事，也呼應胡氏所言：

大怒曰：「桓譚非聖無法，將下，斬之！」譚叩頭流血，良久，乃得解。出為六安郡丞，道病卒。」而記其感情用事：「春，正月，辛丑，大司徒韓歆免。歆好直言，無隱諱，帝每不能容。歆於上前證歲將飢凶，指天畫地，言甚剛切，故坐免歸田裡。帝猶不釋，復遣使宣詔責之；歆及子嬰皆自殺。歆素有重名，死非其罪，眾多不厭；帝乃追賜錢穀，以成禮葬之。」參見（劉宋）范曄撰、（唐）李賢等注、（晉）司馬彪補志、楊家駱主編：《後漢書·法誡篇》（臺北：鼎文書局，1981）卷四十九，頁1657。（宋）司馬光編著、（元）胡三省註、標點資治通鑑小組校點：《資治通鑑·建武七年》（北京：古籍出版社，1956）卷四十二，頁1355。《資治通鑑·中元元年》卷四十四，頁1427。《資治通鑑·建武十五年》卷四十三，頁1384～1385。

〔註16〕（明）胡居仁撰、馮會明點校：《胡居仁文集·帝王》卷四，頁54。

「君臣不以道合，而以功利相濟者，鮮能保其終。」〔註17〕其中，這裡也將呼應前文筆者認「劉備與孔明」之組合更勝「劉邦與張良」之因，並提及胡氏所列舉批評各朝代之間的君臣關係。

首先，就朝政衰亡與否其言：

> 國必自伐，然後人伐之。秦坑儒書，肆暴虐，任趙高姦邪，是自伐也，豈楚漢所能伐哉！漢親宦官，害忠良，是自敗也，又豈曹操所能篡哉！
>
> 唐之敗也，亦以宦官害忠良。宋之敗也，以小人害君子，皆自伐也。
>
> 蓋君子退，則虐政施，人民怨，盜賊起，兵戈興，國亡矣。〔註18〕

胡氏認為大抵各朝代之間的更迭與消亡，必是出自於朝政內部之問題，並非總以反叛為因，而危害國家社會。更進一步而言，這些反叛者的出現，實導因於朝政內部之腐敗緣起，故其言「國必自伐，然後人伐之」。這裡胡氏也列舉了四個例子，他認為秦朝如不行乖戾之暴政、焚書坑儒、任趙高奸佞，楚漢何以有能力可攻伐而代之？漢朝如不親近宦官、陷害忠良（應與黨錮之禍有關），曹操又怎麼有能力可行篡逆？而唐朝也如同漢朝任用宦官、殘害忠良之輩；宋朝也因其任用小人、陷害君子，這些導因於國家內部腐敗之問題，又如同其〈古今〉篇所論：「故非陳勝能起兵，秦自起也；非黃巾能為亂，漢自亂也；非黃巢能為亂，唐自亂也；非紅巾能為亂，元自亂也。」〔註19〕兩者之本質實本同一：「君子退」─「虐政施」─「人民怨」─「盜賊起」─「兵戈興」─「國亡」，胡氏在此也點出一國消亡之順序，呼應其謂「國必自伐，而後人伐之」之言，實怪不得興起兵戈以代其國之人。

其次，若由一國之衰亡轉而聚焦到君臣關係上，胡居仁則言：

> 大抵君臣相合，各從其類。好道之君，方能用有道之臣；好利之君，必用計利之臣。宋神宗滿朝君子，獨用安石者，以安石利心與神宗合也。如安石憂財力困窮，而言治財之道，神宗即位初，便言當今以理財為急務。此二人者，利心相契，其行泉府、青苗、市易等法，雖攻之者甚眾，終不能破二人功利固結之心也。〔註20〕

胡氏認為，君臣會相合必以其相類而言（如胡亥用趙高、高祖用韓信、太宗

〔註17〕（明）胡居仁撰、馮會明點校：《胡居仁文集・帝王》卷四，頁63。
〔註18〕（明）胡居仁撰、馮會明點校：《胡居仁文集・經傳》卷八，頁110。
〔註19〕（明）胡居仁撰、馮會明點校：《胡居仁文集・古今》卷五，頁74～75。
〔註20〕（明）胡居仁撰、馮會明點校：《胡居仁文集・帝王》卷四，頁54。

用魏徵、神宗用介甫等），所以胡氏亦言「好道之君，方能用有道之臣；好利之君，必用計利之臣。」大體胡氏評論多以君王為主，因為君王有德，必吸引有德之臣；君王好利，必吸引好利之臣；君王暴虐，必吸引乖戾之臣。胡氏在此則舉宋神宗為例，他認為當朝有著滿朝文武，為何神宗獨用王安石，實則呼應前述所謂：「好利之君吸引好利之臣」。再者，文中言及王安石憂心於財力之困窮，故言治財之道，同樣地，神宗剛即位時便以「財政」為「急務」。所以胡氏認為這就是君臣利心之相合，即使王安石所行之泉府、青苗、市易法遭到許多朝臣反對，也不敵其與君王功利固結之心。

最後，延伸各朝代君王、臣下之問題，胡居仁也舉了數個例子，如就君王個人而言：

> 漢武帝才足以有為，惜乎多欲。周世宗才足以有為，惜乎未學。宋神宗亦欲有為，惜乎汩於功利。人君不務學，便以禮樂制度為瑣碎不足為，而欲逕趨功利。〔註21〕

儘管胡氏認同漢武帝、周世宗、宋神宗三君主之才，但卻囿於「多欲」、「未學」、〔註22〕「功利」，所以他們三者都無法真正意義上之成功。

〔註21〕（明）胡居仁撰、馮會明點校：《胡居仁文集·帝王》卷四，頁53。

〔註22〕周世宗柴榮可以說是紛亂的五代十國中，相對而言最有作為與英明之君王，《舊五代史》就給出極高的評價：「世宗頃在仄微，尤務韜晦，及天命有屬，嗣守鴻業，不日破高平之陣，逾年復秦、鳳之封，江北、燕南，取之如拾芥，神武雄略，乃一代之英主也。加以留心政事，朝夕不倦，摘伏辯姦，多得其理。臣下有過，必面折之，常言太祖養成二王之惡，以致君臣之義，不保其終，故帝駕馭豪傑，失則明言之，功則厚賞之，文武參用，莫不服其明而懷其恩也。所以仙去之日，遠近號慕。然稟性傷於太察，用刑失於太峻，及事行之後，亦多自追悔。逮至末年，漸用寬典，知用兵之頻併，憫黎民之勞苦，蓋有意於康濟矣。而降年不永，美志不就，悲夫！」而司馬光在《資治通鑑》也以個人立場稱揚世宗：「若周世宗，可謂仁矣，不愛其身而愛民；若周世宗，可謂明矣，不以無益廢有益。」歷史上的君主，尤其是在這割據雜亂的五代十國，鮮少有能獲得如此高評價。然而胡居仁言世宗少於學，可能與世宗本身少於讀書，更因其所通之書限於黃老有關。史書中往往會記載君王之特色，但載周世宗卻不以其為學著稱，甚至委婉道出其少於學，如《新五代史》對周世宗的描述：「器貌英奇，善騎射，略通書史黃老，性沈重寡言。」不僅評述短少，重點也幾乎著重在世宗的面貌、個性、武功之類，為學的部分也只以「略通」書、史、黃老而已。參見（宋）薛居正等撰、楊家駱主編：《舊五代史·顯德六年》（臺北：鼎文書局，1981）卷一百一十九，頁1587。（宋）司馬光編著、（元）胡三省註、標點資治通鑑小組校點：《資治通鑑·顯德二年》卷二百九十二，頁9530。（宋）歐陽修撰、（宋）徐無黨注、楊家駱主編《新五代史·周本紀十二·世宗柴榮》

而對於漢高祖劉邦與其名臣搭檔，胡居仁也多有所責難，如其言：

> 漢高祖天姿樸厚，志高才大，承秦之暴，無法可因，彼時有真儒者
> 出，舉先王之法，庶幾可行。惜乎當時無人，雖有張子房，乃雜黃、
> 老智謀有餘，非先王之學。韓信等俱是功利，蕭何等亦非修身正主
> 之學。〔註23〕

> 先儒言張子房平生事業，皆自《素書》中出，此誠然也。蓋其權謀
> 智術，處身處事，進退行藏，與《素書》無一不合。後世智謀之高
> 妙，無出於此。但其不知天理本然之妙，足乎已而感乎人，有諸中
> 而形諸外，不必全假智謀，明哲保身，亦非全計利害。以此論之，
> 黃、張之道，不出一私字。聖賢之道，不出一公字。〔註24〕

兩段引文看似對高祖臣下之批評，實隱含著對「君王」高祖的批評。如前所
述，君臣相合之緣起，好利之君必引好利之臣，胡氏這幾段引文雖然以張良、
韓信等人之責難為重，本質上實則是對高祖好功利之心做批評。如胡氏就曾
將唐太宗與漢高祖並舉，並言：「太宗與高祖謀天下，皆是利心。」〔註25〕而
在其他部分也曾直言高祖與韓信關係之「君德未全」。〔註26〕綜上所述，胡氏
這裡特意以劉邦之臣下做批評，不僅為了側寫出劉邦之利心，另一個重點則
在於批評「黃老之術」，前文已多有提及胡氏痛惡「老佛」，所以此處胡氏以
張良習黃老之術為基點，借以批評黃老之害，故言「雖有張子房，乃雜黃、老
智謀有餘，非先王之學」、「以此論之，黃、張之道，不出一私字。聖賢之道，
不出一公字」。同時也呼應著其中論韓信等人俱是功利、蕭何亦非修身正主之
學。對胡氏而言，不論身為君主的劉邦本人、或是張良、韓信、蕭何等名臣、
亦或是思想上的黃老之術，只不過是一字「私」而已，皆非修明正身之學。

（臺北：鼎文書局，1980）卷十二，頁 117。

〔註23〕（明）胡居仁撰、馮會明點校：《胡居仁文集·帝王》卷四，頁 55。

〔註24〕（明）胡居仁撰、馮會明點校：《胡居仁文集·帝王》卷四，頁 57。

〔註25〕（明）胡居仁撰、馮會明點校：《胡居仁文集·帝王》卷四，頁 54。

〔註26〕曰：「以韓信之智謀才氣，其志又在功利，若非高帝有以制馭之，其患有不可
勝言者。」曰：「高帝本領未正，君德未全，故其所為不過如此。設使本心純
是天理，不以謀天下為心，只以救生民為事。義以舉事，誠以感人，四海之
內，皆引領向風，感於仁，勇於義，況韓、彭乎？當初漢高本以利天下為心，
韓、彭亦以利合，高帝既欲謀天下，韓信豈不欲謀國乎？高帝既欲為帝，韓
信豈不欲為王乎？韓信功利之人，不足道，為漢高惜也。參見（明）胡居仁
撰、馮會明點校：《胡居仁文集·帝王》卷四，頁 57。

　　總結來看，國家與君臣之間所交疊之問題，實出於君臣本心與相類之始，這裡也可用胡氏說的一段話做總結：「功臣多不保其終者，蓋其始初，君臣只是利心相合，未嘗以道合。其所為者多權謀智計，未嘗以道義匡其君。故其君亦以權謀智計待之。或君忌其能，臣挾其功，欲保其終，豈不難哉？儒者只務引其君當道，道既行，則可以保天下之民，豈不能保其身乎？然則揚雄儒者，不保終，何也？雄非功臣，亦非以道事君者。」〔註27〕歸根結柢，若是君臣能以道相合，並相知契闊以主其事，許多後續衍伸之國家、社會、君臣個人之問題也將不致發生。

（三）王道以德、霸道以私之異

　　胡居仁亦認為國家興亡實與君臣關係、君王德行有關，他也說明了以「公」、以「德」為本質之「王道」；與以「私」、以「利」為本質之「霸道」之間所承載之問題，兩者間的分界與差別，如其所言：

　　　處事不容一毫私意，有一毫私意便非王道。〔註28〕

　　　霸者非有利於己底事，皆不做，言與己無干也。不知仁者以天地萬物為一己，皆吾事也。〔註29〕

　　　事事存其當然之理，而己無與焉，便是王者事。著些計較，便是私吝心，即流於霸矣。〔註30〕

「王道」者，實乃無一絲一毫「私意」，其基本內涵必含有「公天下」之心，這與「霸者」在行事決斷上以「個人」的角度出發是不一樣的，故其言王道，則謂「處事不容一毫私意」；其言霸道，則謂「非有利於己底事皆不做」兩相對舉。其次，胡氏亦認「王道」之本，實包含前論所謂「順乎天理」之行，故其言「事事存其當然之理」，即是「王者事」。這種將「王道」與「天理」之關係做結合，實同於其言：

　　　蓋帝王無異道，是純乎天理，無一毫人慾之私。霸者元是私意，縱窺測得天理來用，只是假，豈可與帝王同年而語哉！〔註31〕

　　　王道只是公，伯道只是私。王道一於天理之公，一者，誠也。故其

〔註27〕　（明）胡居仁撰、馮會明點校：《胡居仁文集・帝王》卷四，頁59。
〔註28〕　（明）胡居仁撰、馮會明點校：《胡居仁文集・學問》卷二，頁34。
〔註29〕　（明）胡居仁撰、馮會明點校：《胡居仁文集・帝王》卷四，頁56。
〔註30〕　（明）胡居仁撰、馮會明點校：《胡居仁文集・帝王》卷四，頁56。
〔註31〕　（明）胡居仁撰、馮會明點校：《胡居仁文集・帝王》卷四，頁55。

> 光明正大，上下與天地同流，而萬物各遂其性。伯道假公以濟其私，
> 假者，偽也。費盡智計，方能小補於世，雖不能無功，乃功業之卑
> 者，下此則姦雄小人。〔註32〕

如同張灝所言，宋明儒所論「經世」之意涵，是必須要與他們的性命之學做
連結的。其中，宋明儒這種將「天理」—「現實政治」（亦包含現實社會）之
連結，即是張灝所論第二層「經世」。〔註33〕所以，從胡氏對政治批評、政治
觀念之脈絡來看，他這種以「天理」、「性命之學」、「道德理想主義」角度來評
判政治社會，實與宋明儒之天理政治觀相類。這本是一種以己身之所學，踐
行於政治之自然過程。

其次，胡居仁對王道、霸道之「政治觀」所連結之修身工夫亦言：

> 行王道者，自脩上要工夫，到施為上便不費力。伯者雖不用自脩工
> 夫，然施為上最費力。蓋天下人物，本同一理，我得此理，人自感
> 化，我以此理處置他，自然順而易。伯者自身本無此理，人不感化，
> 假這道理去處事，去制伏他，用盡智計方做得成。故王道簡易，伯
> 道崎嶇。學者所宜精擇。〔註34〕

他將本有道德意涵之「王道」，接續「自脩上工夫」並與「霸者」「不用自脩工
夫」對舉，這裡的「自脩工夫」實有兩層涵義：其一，就小範圍來看，與宋明
儒之「工夫論」有關，即焦點在於過程上成聖成德之履踐；其二，就大範圍來

〔註32〕（明）胡居仁撰、馮會明點校：《胡居仁文集·經傳》卷八，頁114。
〔註33〕首先，就其第二層意義之整體而言，其論：「『經世』第二層意義含義最廣，
相當於宋明儒所謂的『治體』或『治道』。因此釐清『經世』的這一層意義必
須牽涉到儒家政治與社會思想的各種基本問題。」其次，就宋明儒「經世」
之觀念，其言：「許多宋明儒者認為天理是宇宙間一切的準則和典型，而這準
則和典型是在歷史的肇端曾經實現過的。這就是所謂的堯舜三代之治。這個
信念包含兩個觀念。其一是歷史的兩層觀：歷史過程可以分成兩個段落，三
代與三代以下。這兩個段落也代表兩個層次：三代是治世的典型，是道德的
實現；三代以後是治世的消逝，是道德的衰替。另一個觀念是：天理雖然是
外在的、超越的準則，但也是內在於人心的精神實體；透過人為的修德，這
精神實體可以體現。」最後，就宋明儒此種「經世」觀念中，所蘊含之「道
理理想主義」之脈絡，其言：「在宋明儒學傳統裏，這種天理史觀與前面提到
的道德理想主義是息息相關的。它們都是以絕對的、『超越的』道德理想去衡
量，去解釋人世的治亂興衰。……經世思想的核心是大學所表現的人格本位
政治觀。」參見張灝：〈宋明以來儒家經世思想試釋〉，《近世中國經世思想言
討會論文集》，頁19、頁15～16。
〔註34〕（明）胡居仁撰、馮會明點校：《胡居仁文集·經傳》卷八，頁109。

看，則統論宋明儒之「理學」整體，即包含著「性命道德之學」與「實踐性命之學」的理路。所以，引文中胡氏也以「蓋天下人物，本同一理，我得此理，人自感化，我以此理處置他，自然順而易。」這種儒家式的「理學觀」去連結經世思想中的「政治觀」。

　　承上所述，這種以「儒家精神」去連結經世取向上之「政治觀念」，胡居仁亦在其批評齊桓公、晉文公時有所發揮：

> 齊桓、晉文皆以力假仁。然齊桓頗近正，晉文則全用威力智計。其勤王者，反致凌逼，力戰屈楚，不由仗義。然則桓公不能王，何也？曰：「桓之事雖正，意則私。只做得到此分際，非有聖賢之學，怎能成王業？」〔註35〕

文中批評齊桓公「事雖正、意則私」，與晉文公「全用威力智計」、「不由仗義」，並連結著其後所論「非有聖賢之學，怎能成王業」，還是回歸到儒家精神式的經世觀。這裡並不是要區分此種經世思想好壞、優劣、先進與落後之辨別，旨在說明胡氏作為明代初期，難得地跳脫形上氛圍之學，將焦點放在現實個人、政治、社會之經世觀點上之論述。儘管此部分之論，以現行所側重於制度變革向之「經世致用」觀點來看稍嫌不足，但對胡居仁來說，經世思想的內在意涵本結合於性命之學，且其「客觀制度上的解決之道」也並非沒有論及，如筆者第二節胡氏經世思想中「國家制度之問題」，即是其對當時制度上提出之解決綜論。

二、天理為本的社會價值觀

（一）功業是修身之效

　　胡居仁所言功利議論，包含如上所言君臣關係。此外，更擴及國家社會之整體。如前論中提到，宋明儒之「經世」往往與其「道德性命」做結合，胡氏在批評人心功利時，亦由此出發：

> 人之所以為人者，理也。苟不存得此理，只營營於利，以養血肉之軀，豈不愚哉。〔註36〕

> 有一分利慾，便蔽一分天理。利慾長一分，大本便虧一分。〔註37〕

〔註35〕（明）胡居仁撰、馮會明點校：《胡居仁文集·經傳》卷八，頁106。
〔註36〕（明）胡居仁撰、馮會明點校：《胡居仁文集·學問》卷二，頁28。
〔註37〕（明）胡居仁撰、馮會明點校：《胡居仁文集·學問》卷二，頁32。

此處胡氏從天理的角度出發，他認為人生之初，實乃「理」之所為，既然人之本體實同於「理」，所以汲汲營營追求經驗世界的功名利祿，是相當愚昧的。對宋明儒者來說，人生所追求之最終目標，不論是程朱或是陸王，兩者所強調的都是精神境界的追求，只是程朱認為此終極目標雖人心本具，但必須從外在物理上提煉出此內涵，以使本具之人心與終極之天理同一；陸王則認為既然人心本具，則不需從外在下功夫，從本有之精神本質與內涵去探尋即可，然二者皆屬於精神上之重視。胡氏亦延續著這種以精神為主之終極目標，這也就是他批評汲汲求取外在利祿之人，在他看來甚所愚昧不明。

但是，這裡也不能說宋明儒之「經世」思想，就完全否定了追求物質方面之「功業」。應該說，精神取向的完滿自身，則會呼應個體自我看待物質向之「功業」角度。對胡居仁來說，第一序列之目標本應著重於「德行」、「天理」等「精神」取向；而「物質」取向之「功業」，應是以「德業」為基點，才能發揚其價值。並不應該本末倒置，將物質向之「功業」看得比精神向之「德業」還重，對胡氏來說這是有先後順序、輕重緩急之別的，如其言：「志於道德者，功名不足累其心。舍道德外，亦無功名。」〔註38〕實則，如若學者、大眾以「修德」為志（放於最首當者之第一序列），則物質向之「功名」必然不會雜擾自身；相反地，對「功名」、「利祿」抱持著「揣懷憂思」之人，可以推斷，此個體之人之內心並非以精神之「修德」為本、為主，故養得一身私氣，茲言：「彼徇於功利者，雜擾而無主」。〔註39〕

承接上述，胡居仁論「功業」則言：

> 今人為利而仕，便不正當了。縱有小小功業，亦不濟事。凡處事只要循理，不可先計較利。〔註40〕

> 學只是修身，功業是修身之效，不可以功業為心。以功業為心，非惟失本末先後之序，心亦難收。程子曰：「有顏子之德，自有孟子之事功。」〔註41〕

就如前述所說，胡氏並非完全地否定了功業，而是應當理解為，功業並不應當擺在首位，又更應該說，不能將本應所具「天理」之內心，以「利慾」去

〔註38〕（明）胡居仁撰、馮會明點校：《胡居仁文集·學問》卷二，頁31。
〔註39〕（明）胡居仁撰、馮會明點校：《胡居仁文集·聖賢》卷三，頁43。
〔註40〕（明）胡居仁撰、馮會明點校：《胡居仁文集·帝王》卷四，頁62～63。
〔註41〕（明）胡居仁撰、馮會明點校：《胡居仁文集·聖賢》卷三，頁48。

填滿它。個人為仕途功業時，也應秉持前論所說「公天下」之心，這樣一來，上下以「德」為主，又能回歸君、臣「順理相契以行事」之類，如其言「正其義不謀其利，明其道不計其功。學者以此立心，便廣大高明，充之則是純儒，推而行之，即純王之政」。〔註42〕此外，胡氏在此亦提及「功業」之內涵，對他來說「功業」只是志於「修身、修德」之後的一種效驗，不論此種效驗是否出現，都應該保持「志於德、志於己身」為首當之心，如若以「功業」去填充「本具理」之心，則失去了本末先後之序。最後，就其後所贊同程子「有顏子之德，自有孟子之事功」一語，這裡筆者認為應解為兩層涵義：其一，胡氏認個體若能全心全意的「志於德」，那學者、大眾們所期待之功業，將會以「必然性」的形式出現；其二，承接上述，這裡或許就會有人質疑，可是許多全心志於德之學者，如其師吳與弼，或是胡氏自己卻為何沒有得到這「必然」的功業？筆者認為，這裡又要回歸到前論所提「志於道德者，功名不足累其心」一語，因為對全心「志於德」者之人，就他們自己主觀思想來看，自己持續涵養「德行」、「修持己身」這即是一種精神取向上完滿之「功業」，故這種「必然性」應包含「外在客觀物質向之功業」與「內在主觀精神向之功業」兩種類別，且對胡氏來說，其本將焦點著重在「內在精神向功業」，至於「外在物質向功業」本只是一種「附加價值」，在他們的經世觀點中，本是以「儒家成德精神」作為本體核心，所以現實利祿上之功業，本非為首當者或第一序列，而且「德業」與「功業」在胡氏之經世思想中，若學者能百分之百「志於德」，兩者也並不應當看成是互相對立、衝突的兩端，而是有其前後、輕重之分別，甚至可以作為相容不分之一體。

最後，這種以「志德」、「修身」為本，以此立道之經世思想，可以胡氏〈學問〉篇一語作總結：「此理吾固有之物，棄而不求；富貴身外之物，求之不已，是不知內外輕重之等也。或曰：『富貴得之可以榮身，道義亦可以榮身乎？』曰：『此何言也！立身之道，曰仁與義，則人之所以為人者，仁義也。苟無仁義，則人道絕矣。那些富貴，更作何用？仁義既滅，敗亡亦至。昔成、湯不殖貨利，而富有四海；桀、紂聚鹿臺之財，終至亡國。榮辱可見矣！』或曰：『此以國言，若人家之財，則衣食不足，何暇治禮義？』曰：『古人以禮義立身，以財養身，但當以義制利，不以利害義。故程子以只營衣食無害，惟利

〔註42〕（明）胡居仁撰、馮會明點校：《胡居仁文集・聖賢》卷三，頁49。

祿之誘最害心。然衣食亦要合義，不可苟。』」〔註43〕其中，「不以利害義」、「衣食亦要合義」實則同於「事功以理為本」、「不可以功業為心」之內涵一樣，乃貫通胡氏之思想核心。〔註44〕

（二）制事以義

除了「功利」問題外，以「功利」為核心所衍生之負面的社會氛圍，以「智計」、「私意」為手段，藉此以自身之才取得「功名」、「利祿」之問題，就如胡居仁言：「智計處事，人不心服，私則殊也」〔註45〕若大眾都以「智計」行事，只會造成彼此互相攻訐，也造成了國家社會中的動盪與負面氛圍，胡氏以「聖賢」、「智謀之士」做處事上的對比，以此警示著社會大眾們：

> 聖賢處事，每斷之以義，不顧利害。智謀之士，專計利害，不顧義理，然義理者，人心之同然。聖賢制事以義，故人心自然歸仰。智謀之士，多失人心，以致禍害。〔註46〕

對聖賢而言，內心時刻保持著「公天下」之心，所以在行事處斷時，往往以「義」言之，而非智謀之士往往只言「利」不言「義」。以「義」為本，是「本具理」之心所心悅誠服的自然道理，這也成就了聖賢處事時能上下一心、人心悅澤，彼此之間因為都是以「義」而言、更是以「公」為本，所以並不會出現互相攻伐、攻訐等衝突之事端。相對於「智謀之士，多失人心，以致禍害」，大家若都懷著「利心」，人人以「自利」、以「私」為本，為了利益上之均分，所造成的各種社會禍端：上至王侯貴族之間權力分配問題互相攻伐、再者君王與臣子、臣子與臣子相互之間篡逆、攻訐之衝突；更甚者由上而下擴及國家社會，使人民因所蒙受之不公、所被侵害之權利而揭竿反抗，促使整體國

〔註43〕（明）胡居仁撰、馮會明點校：《胡居仁文集・學問》卷二，頁30。

〔註44〕這種「義利」之間的辯駁，胡氏在其〈經傳〉篇當中也直指義利不應割裂、分開，看作是互相對立的兩截問題，兩者是能相互涵攝的，這其中的核心脈絡也同於前論「以理為本」、「感官滿足需合義」等面向，茲言：「古者義利只是一體事。義所以為利，利即義之所為也。故曰：『以義為利。』又曰：『利者義之和也。』又曰：『利物足以和義。』蓋以義制事，自然順利。修於己也，心廣體胖；推於人也，民安物阜。利孰大焉？如公劉邊邠，文王治岐，上下莫不般富。曾子曰：『生財有大道。』孟子亦曰：『善政得民財。』蓋分田制井，恭儉節用，自然上下豐足。皆以義為利，亦非將義去求利，只是義則無不利也。以家言之，父慈子孝，兄友弟恭，夫義婦順，利孰大焉？」參見（明）胡居仁撰、馮會明點校：《胡居仁文集・經傳》卷八，頁94。

〔註45〕（明）胡居仁撰、馮會明點校：《胡居仁文集・學問》卷二，頁34。

〔註46〕（明）胡居仁撰、馮會明點校：《胡居仁文集・學問》卷二，頁34。

家動亂不安。這也是胡氏認為以「義」為本之重要，這不單單只是學者們之事務，更應該是擁有決斷能力之君王、大臣本應所具備的，這也回歸到前論君臣之間順理行事之論題。

胡氏之經世觀點，同樣結合著天理為本的價值核心，茲言道：

> 聖賢見道分明，故於天下之事，只是順理以應之，未嘗用一毫智計之私，然動中機會自然順治，雖非智計而智計在其中。後世智計之士，雖極其智計，終是見理不明，會錯了。〔註47〕

> 聖賢治世，是從天理上展開去，所以人不可及。後世才智之士，用盡氣力，只見功業之卑。〔註48〕

前論對聖賢的處事核心還只是以「義」言之，但到這裡，則已經從現實能把握之道德原則，擴展到理學式的「天理」去做說明。胡氏這兩段話，同樣都是關於「聖賢」與「智計」、「私意」之徒之對比。與前論不同，這裡的「聖賢」本質上還是以前述中的「義」、「公」為要點，但這些要點都已經歸納到了「理」、「天理」之上，所以聖賢處事原則「只是順理以應之」、「是從天理上展開去」，胡氏既然處於宋明儒之際，其經世觀點也必然以儒家理學的方式，從現實角度的「義」、「公」回歸到理學的核心——「理」去做統合。其次，對於「智計」之批評，主要也是呼應，「智謀之士」那種「專計利害」之要務做連結，對胡氏來說，以「智計」為本之行，在本質上即以「私」作為其自身核心，所謂「智計之人，多不能保其身者，其智易窮也。何以易窮？以非天地間正理也。明哲保身，是正理，非智計也」，〔註49〕一方面不僅在批評「智計之人」這種專以「利」言之的下場，更重要的是，其無益於「自身德業」、「國家建設」。且「智計之士」因有才氣，但他們心中務以為業之本，實乃「功利」二字，這也是主持白鹿洞書院的胡居仁所擔憂的情況。在其與其他學者、同遊往來的書信當中，也不時以此學風趨於功利之背景去作批評與擔憂。如〈寄周時可〉書：

> 居仁今蒙二司大人延請，入白鹿洞。自揆才德疏薄，不足以倡興斯道。今之士子，汩於功利，懇然志於正學者甚少。〔註50〕

〈奉于先生〉書當中也有對「詞章」、「智謀」、「功利」之批評：

〔註47〕（明）胡居仁撰、馮會明點校：《胡居仁文集·聖賢》卷三，頁48。

〔註48〕（明）胡居仁撰、馮會明點校：《胡居仁文集·帝王》卷四，頁62。

〔註49〕（明）胡居仁撰、馮會明點校：《胡居仁文集·經傳》卷八，頁100。

〔註50〕（明）胡居仁撰、馮會明點校：《胡居仁文集·寄周時可》卷之一，頁146。

甲戌冬，將《小學》習讀，略有所感，於是往受教於臨川吳先生之
門，乃知古昔聖賢之學，以存心窮理為要，躬行實踐為本，故德益
進，身益修，治平之道，固已有諸己。是以進而行之，足以致君澤
民；退而明道，亦可以傳於後世。豈記誦詞章，智謀功利之可同日
語哉！〔註51〕

〈復汪謙〉書中也以工夫論中「存養」、「省察」中「體用」、「未發已發」所包
含之宇宙觀與儒家的精神價值，去批評詞章功利：

是以古昔聖賢，恂慄戒懼，存養於未發之前，使是道之體，昭然於
方寸之內，精一謹獨，省察於已發之際，使是道之用，流行於日用
事物之間。極其至也，與天地同其大，造物同其功，豈詞章功利之
可擬哉？〔註52〕

誠然，對於「詞章」、「功利」、「智計」之批評，不僅上述羅列之證據，也包含
著筆者在第三章中，所列舉胡氏與其友張廷祥之書信，如〈寄張廷祥〉、〈奉
張廷祥〉（兩封），書信中胡氏對這種以「功利」為本、以「智計私意」為用，
並以科舉「詞章」取得利祿之心的行為，做出深刻的憂慮與批評。所以，從這
一脈絡來看，胡氏的經世思想，並不應該只關注於他用理學式的「儒家本位
精神」，去看待整體「政治觀」、「社會觀」，胡氏所作的批判與對國家社會的
憂慮是有跡可循的，胡氏歷經英宗、代宗、憲宗三朝，期間又發生歷史上少
見皇帝被俘虜──「土木堡之變」、與歷史上前所未聞──「太上皇復辟」（奪
門之變）二事，這種國家社會之巨變，對滿懷國家憂思的胡居仁或許多儒士
學者來說，必定是心境上的一種沉重打擊。所以，胡氏的經世思想從儒家理
學出發，並希望藉由這種核心價值，使國家能啟用「有德」、「有責」、「有才」
之士人，而不是只以詞章的好壞，評判一個人是否能主持朝政。當然，其中
胡氏這種以「義」的經世觀點，與當時朝政有著相應的關係：其一，英宗時期
任用宦官王振，並聽信讒言，不僅自己被俘，整個國家的軍事資本消耗殆盡，
朝中許多重要的人才、大臣都在此戰役中戰死。這些結果，也促成後來明朝
由盛轉衰之轉捩點。〔註53〕其二，英宗與代宗兄弟之間不以「義」、不以「公」

〔註51〕　（明）胡居仁撰、馮會明點校：《胡居仁文集·奉于先生》卷之一，頁149。
〔註52〕　（明）胡居仁撰、馮會明點校：《胡居仁文集·復汪謙》卷之一，頁145。
〔註53〕　《明史》：「壬戌，師潰，死者數十萬。英國公張輔，泰寧侯陳瀛，駙馬都尉
　　　　　井源，平鄉伯陳懷，襄城伯李珍，遂安伯陳塤，修武伯沈榮，都督梁成、王

言，英宗返國後，代宗因禁英宗，而後英宗又與一眾大臣奪門復辟，這種兄弟之間的相殘，又是胡居仁所斥責的。〔註54〕其三，英宗上台後，只因聽信一眾小人讒言，竟以謀逆罪論斷，將當時英宗被俘後，幫助明朝在「京師保衛戰」中，度過滅國危機的忠臣「于謙」賜死。〔註55〕這對以國家為本、無私奉獻國事之士人，無疑又是一次深刻的打擊。對胡氏來說，縱然因其時代問題，不能置喙當時之情事，但對他而言，正是這些時代上的劇變，才造就其《居業錄》著重於經世思想之本質，這也呼應其門人余祐在《居業錄》中，為其所述之序：「敬齋胡先生學以治心養性為本，經世宰物為用。」〔註56〕、清人張伯行在〈胡文敬公集提要〉也曾言：「其學以治心養性為本，以經世宰物為用，以主忠信為先，以求放心為要。」〔註57〕

貴，尚書王佐、鄺埜，學士曹鼐、張益，侍郎丁鉉、王永和，副都御史鄧棨等，皆死，帝北狩。」、「英宗之出也，備文武百官以行。六師覆於土木，將相大臣及從官死者不可勝數，英國公張輔及諸侯伯自有傳，其餘姓氏可考者，卿寺則龔全安、黃養正、戴慶祖、王一居、劉容、凌壽，給事、御史則包良佐、姚銑、鮑輝、張洪、黃裳、魏貞、夏誠、申祐、尹竑、童存德、孫慶、林祥鳳，庶寮則齊汪、馮學明、王健、程思溫、程式、逸端、俞鑑、張瑭、鄭瑄、俞拱、潘澄、錢昺、馬預、尹昌、羅如墉、劉信、李恭、石玉。」參見（清）張廷玉等撰；楊家駱主編：《明史‧正統十四年》卷十，頁139。《明史‧列傳第五十五》卷一百六十七，頁4506。

〔註54〕 這裡也呼應胡氏批評唐太宗之過：「建成、太宗事，先儒論之詳。推本言之，人之心，純乎天理，乃處得此等事。建成、元吉不足責，太宗與高祖謀天下，皆是利心。孟子所謂父子兄弟，懷利以相接者。當時建成、太宗、元吉，各置僚屬將佐，勢固相軋。若使太宗無利心，兄弟骨肉之間，一以天理相接，至誠事兄愛弟，或庶幾焉。如建成、元吉見疑，解辭權位，退讓處貧，如終不容，寧死而已，不可殺兄以賊天倫。當時太宗自言骨肉相殘，古今大惡，亦知慚矣。惜乎人慾勝，天理微，處置不去也。」參見（明）胡居仁撰、馮會明點校：《胡居仁文集‧帝王》卷四，頁54。

〔註55〕 《明史》：「景泰八年正月壬午，亨與吉祥、有貞等既迎上皇復位，宣諭朝臣畢，即執謙與大學士王文下獄。誣謙等與黃玹構邪議，更立東宮，又與太監王誠、舒良、張永、王勤等謀迎立襄王子。亨等主其議，嗾言官上之。都御史蕭惟禎定讞，坐以謀逆，處極刑。文不勝誣，辯之疾，謙笑曰：『亨等意耳，辯何益？』奏上，英宗尚猶豫曰：『于謙實有功。』有貞進曰：『不殺于謙，此舉為無名。』帝意遂決。丙戌改元天順，丁亥棄謙市，籍其家，家戍邊。遂溪教諭吾豫言謙罪當族，謙所薦舉諸文武大臣並應誅。部議持之而止。千戶白琦又請榜其罪，鏤板示天下。一時希旨取寵者，率以謙為口實。」參見（清）張廷玉等撰；楊家駱主編：《明史‧列傳五十八》卷一百七十，頁4550。

〔註56〕 （明）胡居仁撰、馮會明點校：《胡居仁文集‧余序》頁137。

〔註57〕 （明）胡居仁撰、馮會明點校：《胡居仁文集‧胡文敬公集提要》頁242。

第二節　落實國家體制之訂定

　　本節主要討論胡居仁經世思想中落實於現實世界之主張，即如張灝「經世」思想之「第三層」分類——「客觀制度上的解決之道」。前論提到，胡氏整體的思想重點，實則是為了落實在現實意義之上，又如其所言：「今天下第一無用是老、釋，第二無用是俗儒所作詩對與時文。如農、工、商、賈皆有用處，皆有益於世。如農之耕，天下賴其養；工之技，天下賴其器用；商雖末，亦要他通貨財。如老、釋與俗儒，在天下非但無用，又害了人心。昔見一俗儒作詩賀人壽，過數日其人將去糊窗壁，此儒喫惱。」所以，胡氏的思想本以「經世」發見，相對於佛老、俗儒，他更肯定「農、工、商、賈」這些對現實世界具生產意義者。

　　其次，單就胡氏之「經世」思想言：縱向來看，不僅要求君王自我德行、修業之要求；臣下也應該秉持進德修業之心，與君王相知相契；而身為下階層農、工、商階級的百姓，與此同時也應上行下效、或是自我進德的提升自己，使整體國家社會都能以「公」行事，自無私意。橫向來看，胡氏的經世思想當中，不僅所涉及層面包含國家社會的氛圍與風氣，他在揭示與批評這些問題的同時，實則也對各個層面提出了解決之道。如就「制度」層面來看，他對法理制度，提出具有普遍性意義之思想：「五倫萬古不易之道，經界萬古不易之利，人才萬古為治之本，法度則可因時損益。」〔註58〕在儒家傳統道德思想中，一方面在「不變」的前提下，維繫著「五倫」之核心；另一方面在「變」的前提下，又以「法度」應因時損益，根據不同時空背景去做改易。再者，胡氏也就「政治」、「社會」層面，提出了復古之道，如就「行封建」、「制井田」、「推察舉」等，表面上雖倡議「復古」，實則胡氏在復古思想中，是以他所說的「法度因時損益」之原則，去倡議這些古法。胡氏的這些經世思想針對明朝從「仁宣之治」的輝煌開始走下坡的階段，他所提出的制度改革，直擊著朝政腐敗之源。即如清人張伯行對胡居仁的評價：「至於井田、封建，推先王至公之心，謂得人為必可行。教養人材，取明道學校之劄：謂周官為必可復，此皆有體有用，內聖外王之學，豈迂儒拘執之見。」〔註59〕

〔註58〕（明）胡居仁撰、馮會明點校：《胡居仁文集・古今》（南昌：江西人民出版社，2013）卷五，頁69。

〔註59〕（清）張伯行著：〈胡敬齋居業錄序〉，《正誼堂全書》（清康熙張伯行編同治左宗棠增刊本）卷之七，頁12-1。

一、論法制原則：因時損益，以通其變

　　胡居仁所倡議的古制，其建置的根本原因，是對於其所處時代已然崩壞、或已激起社會矛盾的制度所提出之變革。他並非是在現行的完善制度下，一昧地提出「復古」的法制，這是有本質上的區別。如同胡氏所提出復行「井田制」，也是因為明代的權貴、豪強、王公親族，利用他們的權勢，不斷掠奪、兼併下層農民百姓的土地。胡氏正是面對不斷被激化的社會矛盾，才提出復行古法。〔註60〕同樣地，胡氏倡議「封建制」、「選舉法」、「用兵思想」等，這些看似已被時代淘汰的古法，實則是想要藉由這些古法中可取之處，並非只是盲目地遵循而已。如其所言：「為治之法，當因事勢而裁以天理。」〔註61〕任何法理制度，都應該配合當時時空背景之「勢」，以裁量出最有效於當世的制度。

　　胡居仁對於法制上的「變易」，體現在〈古今〉篇中：

〔註60〕胡氏所處之時代，正好是明朝由盛轉衰的過渡期，明朝不僅對外征戰不利、皇帝被俘、親族奪位爭利；對內，王公貴族、豪強權貴不斷用他們的權力掠奪人民唯一的生產工具，《明史》就曾記載洪武年間，官民田的總數原有「八百五十萬餘頃」，但是到了弘治年間全國官民田的總數居然憑空消失了近1/4的數量。實則，一方面是憲宗開啟與民爭利的「皇莊」制度、英宗也開啟了賜予中官（宦官）莊田的制度，另一方面，明朝的皇帝大多不食人間煙火、政治能力頗受議論，也導致原來明太祖時授予功臣、諸侯的「百頃」、「千頃」田，在往後的皇帝中，他們都大手筆的賜予宦官、外戚、自己的兒子龐大數量的田地，激化了社會矛盾。太祖時，對待功臣最多也只有「百頃」；即使是自己的兒子們也至多「千頃」，但是繼任的皇帝中不僅授予宦官、外戚「千頃」之地，有時給自己的兒子甚至給予「萬頃」地，最有名的例子莫過於明神宗之子──福王朱常洵，當時神宗要求眾臣們，想辦法湊出四萬頃地給予福王當作莊田，直到朝臣們的不斷勸諫，也才縮至一萬九千頃，福王還是拿了「萬頃」之數。雖然胡居仁生年只到成化憲宗年間，但是，激化社會矛盾的制度或是掠奪的行為，這些促使腐敗的根本永遠都不是瞬時而起，它都是經過不斷的累積、堆疊，或在位者的忽視、與有意為之，腐敗與矛盾才逐漸累積而來。胡居仁作為明朝過渡期的學者，他必然是深刻感受到這些制度所帶來的不公與負面的影響，故而「不輕著述」的胡居仁，才在他的《居業錄》當中以此「經世濟民」之本，提出這些古法制度。參見（清）張廷玉等撰、楊家駱主編：《明史·食貨六》（臺北：鼎文書局，1980）卷八十二，頁2005。中央研究院歷史語言研究所校勘：《明實錄·正統六年三月》（臺北：中央研究院歷史語言研究所，1966）卷七十七，頁1518。（明）陳子龍等選輯：《明經世文編·題為藩封典禮殷繁疏》（北京：中華書局，1962）卷四百五十八，頁5016之2。

〔註61〕（明）胡居仁撰、馮會明點校：《胡居仁文集·古今》卷五，頁65。

> 凡事有則，循其則即理也。裁而制之，則為法度。法度立則弊可革，
> 然行之則在得人。久或弊生，又可變而通之，以適於宜。〔註62〕

胡氏認為，任何事情必然有其「法則」、有其可循之「理」，由此裁量、創制進而應用於國家社會上──即所謂「法度」。有了法度的建立，社會上的弊端則因此革除。然而，法度的裁量推行者都取決在於人，既然是人必然不會是百分百的完美、公平，一個好的制度也往往因為時間的積久，人作為制度推行的「變量」，往往會出現新的弊端。〔註63〕這個時候，胡氏也不認為應該繼續實行，這個一開始裁量有度的法制，必須予以變通，適用當下的時空背景。

故此，這種對於法制的核心思想，也回歸到胡氏經世思想中，對各式古法制度的推行，不能因為胡氏倡議古法就把他看作是復古、擬古之迂儒。古法的推行，並非盲目從之，而是藉由古法中可觀的要點去做提取，胡氏就曾反駁所謂「古道不可行」：

> 今人多言古道不可行於今，此乃見道不明，徇俗苟且之論。古今之
> 道一也，豈有可行於古，不可行於今。但古今風氣淳漓不同，人事
> 煩簡有異，其制度文為，不無隨時斟酌而損益之。若道之極乎天地，
> 具於人心者，豈有異哉！不能因時損益，以通其變者，正為道不明
> 也。〔註64〕

就如同胡氏所言「古今之道一也」，所謂「一」者，即指合於義理的原理原則。故「古之道」、「今之道」它們一定有其共通的「義理價值」，這種共有的「價值」，是不分於古今之別的。雖然「古今風氣淳漓不同，人事煩簡有異。」但也正如它們有著「義理原則」上的共通性，故胡氏云「不無隨時斟酌而損益之」，也正是藉由古今所共持之原理原則，而裁量出符合當下社會具有效益的制度。古今之道可行與不可行的原則，並不應當是以「新舊」的角度去對待，

〔註62〕（明）胡居仁撰、馮會明點校：《胡居仁文集・古今》卷五，頁64。
〔註63〕這種「人」、「法」之間相互呼應的關係，胡氏亦曾言：「苟非其人，道不虛行，縱有良法美意，非其人而行之，反成弊政。雖非良法，得賢才行之，亦救得一半，人、法皆善，治道成矣。」就如同前面引文中，他對「人」作為推行者可能造成的隱憂，一個好的制度也有可能因為推行者本身的問題，逆反成了弊政、弊端；然而，即使一個不甚美好的制度，但是到了有賢德的推行者手中，也有可能因為此賢德之人的能力，將此弊政救得一半。然而，歸根結柢「人」、「法」之間實則相濟相助的，單一面向的成功都不能使之成就真正的「治道」。參見（明）胡居仁撰、馮會明點校：《胡居仁文集・古今》卷五，頁65。
〔註64〕（明）胡居仁撰、馮會明點校：《胡居仁文集・古今》卷五，頁65～66。

應當以其共有的「義理價值」為體，再配合當下的社會性因時損益而用。在這樣的脈絡架構下，「古道不可行於今」這種「新舊」論題上的辯駁，也將不會是法制施行上所要考量的論點。

二、論封建或郡縣：有德者主其國

對於國家行政的方式，胡居仁提倡的是「封建」，然而基於前述所論「因時損益」之原則，這種對於客觀制度上的優劣已有了更深一層的意義。胡氏在倡議「封建」同時，他也道出了不可不行「郡縣」之處（「情勢」所為），另一方面，也指出了「封建」不可行之原因（如諸侯不是好底人），與「郡縣」的集權所帶來的效率、效能。事實上，胡氏雖然倡議著封建，但是強調制度的施行者──「人」。制度上的優劣、好壞所關乎者，並不在於此制度客觀上的運行，更重要的，是執行制度者之「有德」與否：

> 封建乃古聖人擇賢以分治，公天下之心也。使生民各有主，主各愛其民，上下維持，以圖久安至善之法。天子又有慶讓錫命征討之法，以統禦之。及天子無道，然後乃敢縱恣吞併，然亦不敢不自愛其民也。若不愛其民，則眾不為用。故中才之主，亦知愛其民以固邦本。惟昏愚之甚，然後肆其虐。又必有仁賢智勇，起而救之，湯、武是也。其曰「兼弱攻昧，取亂侮亡」，則虐民者必更之，立賢主以養其民。周衰，聖王不作，無有能伐暴救民者，及吞併已盡，秦以天下為己私，乃立郡縣以為治，此亦勢使然也。蓋以秦之昏暴，固不能行先王之政。雖行封建，未必得人以主其國，養其民，民必不服，國必生亂。借使能服，亦以土地人民自私，因秦之暴而叛焉。故曰：「苟非其人，道不虛行。」德必如禹、湯、文、武方能行之。又必得仁厚有德為諸侯，方能君國子民，以承天子休命。論者以為封建不可復，誣矣。但郡縣得人，亦可為治，固不必封建也。〔註65〕

胡氏認為，「封建」之法乃是古人「擇賢以分治」之完善制度，這其中的核心要點，在於「擇賢之主」與「所選之賢者」他們都具備著「公天下」之本心，而這種「公天下」之心，它不單單只在上階層通行，這種「德行」將風行草偃的流行於整體國家社會之中，這也正如胡氏所言「使生民各有主，主各愛其民，上下維持，以圖久安至善之法。」所以即便秦朝「行封建」，也因施行者

〔註65〕（明）胡居仁撰、馮會明點校：《胡居仁文集‧古今》卷五，頁65。

以「私心」為本，故「雖行封建，未必得人以主其國，養其民，民必不服，國必生亂。」其中亦能看到，客觀的制度，始終以「中性」的方式存在，它是沒有好壞之別的問題。若是「德如堯舜」即使施行「郡縣」，「但郡縣得人，亦可為治」。胡氏所提倡之「封建」，其核心基礎在於當時推行「封建」之聖人所具備之「公天下之心」，並非客觀制度上「封建」或「郡縣」制度好壞優劣上的辯駁。

其次，胡氏也舉秦始皇為例，他認為秦始皇就是以「私」心謀奪天下，認天下為一己之私物，所以他沒有考慮到在原有的「封建」基礎下，各國諸侯、人民有自己之民族性、文化性，已然形成一個不可分割的「整體」（但是，這裡並不認各個諸侯是否有德、有賢，只能說在各諸侯的長期統領下，各區域的人民已對其封建領主有歸屬意識），而這種以「私」為本的強奪、侵略，即使後來天下歸於一統，秦始皇之「私」心，也影響並分裂著整個國家社會：

> 有公天下之心，方做得公天下之事。封建諸侯，與之分治是也。秦
> 始皇以私心得天下，以天下為己之私物，豈做得封建事？又慮封建
> 之後，諸侯各專其土地人民，難以制馭，與李斯尋得一簡建郡縣底
> 法度來行。如以身使臂，以臂使指，無不聽順，免尾大不掉之患，
> 以為可以傳之無窮，故肆其惡，無所忌憚，不二世而亡。殊不知封
> 建之法行，各國諸侯，把持得緊，各愛其人民土地，猝難變動，因
> 可夾輔王室。此法不行，故陳涉一起，蕩然無制，此固是秦無德，
> 不行封建。使行，他亦不能得好人去做諸侯。諸侯背叛，他亦做不
> 得天下主。故封建之壞，亦是世變至此，不得不壞。郡縣之設，亦
> 是事勢至此，不得不設。但建國則根本固難變動，然統治之法，又
> 不如郡縣易行，苟得其人，二法皆可也。〔註66〕

此處就提及，秦始皇深怕續以「封建」之制，各諸侯依然專其土地人民，所以與李斯尋得「郡縣」之法，使政令之發號「如以身使臂，以臂使指，無不聽順」，然而，這種缺點也體現在秦始皇的「私」心之上，所以胡氏也說「故肆其惡，無所忌憚，不二世而亡。」且各地諸侯所屬的人民，早已形成一個整體意識，故「各國諸侯，把持得緊，各愛其人民土地，猝難變動」，在這樣的矛盾之下，由陳涉起義而爆發，一切制度瞬時崩壞分裂。胡氏一方面雖批評是秦始皇不行「封建」所導致之結果，但是另一方面實認為，即便秦始皇行「封

〔註66〕　（明）胡居仁撰、馮會明點校：《胡居仁文集・古今》卷五，頁66。

建」之制，但「上位者」秉持「私」心「亦不能得好人去做諸侯」。所以，不管秦始皇在制度上的選擇是如何，還是得回歸其是否具「公天下」之心。

總結來說，胡居仁論述「封建」與「郡縣」之優劣，實則不斷地強調兩個部分，一則是「上位者」的才德問題，二則是能否「得賢」之選才問題，筆者認為胡氏之舉原因有二：

其一，胡氏所處時代乃是中國中央集權鼎盛的朝代，國家內部又有特務組織監控（如錦衣衛、東廠等），所以他必須以推崇現行國家制度為掩體，並與其相對的「郡縣」制度做對比。所以不論胡氏是推崇「封建」抑或是批評「郡縣」，都能發現胡氏並不是單就表面的「客觀制度」去做評斷。相反地，在推崇「封建」的同時，實際上，他是在肯定當時推行「封建」的古聖先賢之德心，並一再強調「上位者」應與當時的聖者們同流，秉持「公」天下之心；而他在批評「郡縣」時，亦能發現，胡氏並非單就「郡縣」的表面制度去非議，胡氏對「郡縣」的批評，實來自於其推行者——即秦始皇。所以，就「制度」層面來看，表面的制度從來都不是胡氏認為放於首當者，重要的是推行者、施行者本人，這在胡氏對「郡縣」能得人得賢的肯定中也能明白。

其二，承上所論，筆者認為胡氏以「封建」連結「聖人」、以「郡縣」連結「始皇」，實關乎於對當時上位者的期望與擔憂。就如前面所說，明朝本來就是一個封建制的國家，胡氏正處於這種封建體制下，他何必置喙於封建制度的推崇。且就如前述所言，胡氏的推崇並不單純就制度層面去做評判，而是以秦始皇為例，認為即使秦始皇行「封建」制度，「他亦不能得好人去做諸侯。諸侯背叛，他亦做不得天下主」。這裡實則隱含著他對當時政治氛圍上的批評。只是因為當時明朝的特務機關興盛，胡氏不能公開的表明對上位者的政治態度，另一方面他又有著儒家以「治世」、「治道」為己任之志向，所以胡氏以「經世濟民」為本、還有前論中對「君臣關係」、「上位者德行」、「社會圖功利、施智計之氛圍」之批評，實隱含著他對當世時代的憂慮。所以對「封建」、「郡縣」好壞對錯的討論，也都能發現胡氏往往以「兼容」的方式去看待此二制度（「固不必封建」、「二法皆可」）。實則，胡氏最終的目的是為了呼籲這些制度背後的施行者、裁量者（上至皇帝，下至各個為官階層），應以「公」、以「德」為本。

三、論議鄉選里舉制：得人與教化之所興

有關胡居仁對於社會人才的選拔可以分兩點作探討，其一，倡議鄉舉里選制之原因，這是胡氏對此制度中，能以「德行」取士之讚揚：

> 古者鄉舉里選法，非但可以為朝廷得人，又可盡教養激勵漸磨之道。
>
> 閭族鄉黨，既勵於德行道藝，則風俗安有不厚？教化安有不興？人才何患無成！朝廷必得人為治也。〔註67〕

胡氏推崇古代的鄉舉里選法，其最主要的原因，在於他認為這種揀選人才的方法，有助於閭族鄉黨之間互相砥礪，這種砥礪又不單單只是「才能」，而是胡氏最看重之「德行」。這種以「德」為本之取士之法，也呼應胡氏稱揚漢朝的孝廉科、茂才科的選舉制度，茲言：「古人以德行道藝教人，即以此取士，又從鄉里教起，故取士用鄉舉里選之法。漢猶近古，用孝廉科、賢良方正科舉士，是尚德行。用茂才科、經義科舉士，是兼才學。」〔註68〕所以，對胡氏來說，一個制度的優劣之別，應該建立在制度的核心本質之上，以古法的鄉舉里選制來說，就是因為其以「德」為本之核心，故為胡氏所推崇。而這樣對古法的推崇，胡氏也援引明道、朱子之言作為例證：「明道先生曰：『古者政教，始於鄉里。』故欲復族黨比閭之法。」〔註69〕、「朱子曰：『古人比閭之法，真箇能行禮以帥之民，都是教了底，如一大川水，分數小川去，無不流通。』後世有聖賢作，必須法古，從底做起始得。」〔註70〕更進一步的，為自己所倡議之選才古法做憑證。

其二，由鄉選里舉制為基點，批評當今「科舉、取士制度」、「學校制度」所導致學者尚詞章，不尚德行之浮濫風氣。如以「鄉舉、薦舉」與「科舉」做對比之批評，茲言：

> 得賢之道，須如《周禮》賓興，明道選舉，方無所遺。其次莫如搜訪薦舉，如舜舉於歷山，伊尹舉於莘野，傅說舉於巖下，太公舉於渭濱，孔明舉於南陽，皆因求訪薦舉而得。蓋不世出之才，道高名重，苟訪求之，無不可得。但恐才德未著者，須用賓興選舉法，方可無遺。非但無遺，又有作與獎勵之實，使賢才日盛。今之科舉，

〔註67〕　（明）胡居仁撰、馮會明點校：《胡居仁文集·古今》卷五，頁68。

〔註68〕　（明）胡居仁撰、馮會明點校：《胡居仁文集·古今》卷五，頁68。

〔註69〕　（明）胡居仁撰、馮會明點校：《胡居仁文集·古今》卷五，頁68。

〔註70〕　（明）胡居仁撰、馮會明點校：《胡居仁文集·古今》卷五，頁68。

非徒不能得賢，反廢人進修之實。〔註71〕

苟不能行成周鄉舉里選法，只行薦舉法，亦可得人。今之科舉，全無用處。薦舉雖不及鄉舉里選，猶可激勵人自去進善，但不如《周官》教養振作之詳備。若只以文詞取士，使人日趨於纖巧薄劣，是蔽絕其為善之心，使之流於不善也。〔註72〕

在第一段引文中就表現出，在胡氏的視野裡，「賓興選舉法」屬於最上等之納才法治，而「薦舉」雖次其一等，卻也已經比當今的科舉制度良善許多，如其言「苟不能行成周鄉舉里選法，只行薦舉法，亦可得人」、「薦舉雖不及鄉舉里選，猶可激勵人自去進善」；又如胡氏在「薦舉」的部分也舉了許多例證，證明即使只行「薦舉法」，本質義涵上也比當今科舉更加完善，如「舜」、「伊尹」、「傅說」、「太公」、「孔明」，這些賢才之人都是藉由「薦舉」得來。而若與「科舉」相對比，胡氏以嚴屬的態度看待，批評現行科舉之制度，內在無法激發人心義理之效益，外在更甚「反廢人進修之實」。這其中最根本的原因，也正如前面章節中一再強調國家以「文詞取士」，所形成的社會「浮濫華靡」之風，這種風氣也造成士人以「私」、以「功利」為己業，也正如胡氏所言「使人日趨於纖巧薄劣，是蔽絕其為善之心，使之流於不善也。」因此，儘管現在看來「科舉」在取士方面有一定的社會效能，但胡氏則一概否定，茲言「今之科舉，全無用處。」

對於以「取士制度」所存在之內部問題，即所謂「文詞、文章取士」之弊端。胡居仁言：

朝廷以文章取士，故士子亦心心念念，日夜去擬題目作文章，故學官皆閑了。設若朝廷以德行才能取士，則人必皆奮勵以進其才，修其德，又何患人才不興，風俗不美？故乾綱一振，萬類皆從，人存政舉，又何難哉！〔註73〕

胡氏對朝廷文章取士的批評，其實是相當有見解的，這也與他多次批評文人只知「記誦」相呼應。洪武年間，明太祖就曾對這些只善文詞、不善舉措行事的文人發出憤慨之情，並將科舉暫停實施：「朕以實心求賢，而天下以虛文應

〔註71〕（明）胡居仁撰、馮會明點校：《胡居仁文集·古今》卷五，頁68。
〔註72〕（明）胡居仁撰、馮會明點校：《胡居仁文集·古今》卷五，頁68。
〔註73〕（明）胡居仁撰、馮會明點校：《胡居仁文集·古今》卷五，頁69。

朕，非朕責實求賢之意也。今各處科舉宜暫停罷。」〔註74〕《明史》也載錄
這段罷科之史事：「時以天下初定，令各行省連試三年，且以官多缺員，舉人
俱免會試，赴京聽選。……既而謂所取多後生少年，能以所學措諸行事者寡，
乃但令有司察舉賢才，而罷科舉不用。」〔註75〕然而，這種文人只知「記誦」
的風氣到明宣宗也未能有所改善：「聖諭以近時學校之弊，言之天下郡縣學應
貢生員，多是記誦文詞不能通經，兼以資質鄙猥不堪用者亦多。」〔註76〕《禮
部志稿》即記錄正統年間設提學官時，記誦文詞的情況：「正統二年，添設提
調學校官員，先是少保兼戶部尚書黃福言，近年以來各處儒學生員，不肯熟
讀四書經史講明義理，惟記誦舊文，待開科入試以圖倖中。」〔註77〕其後，
更條示內容，以咨合事：「士貴實學，比來習俗頹敝，不務實得於已，惟記誦
舊文以圖僥倖，今宜革此弊。」〔註78〕、「學者所作四書經義論策等文，務要
典實說理詳明，不許虛浮誇誕，至於習字亦須端楷。」〔註79〕到了天順年間
〈考法〉也依然在強調這種只知記誦一事：「有等生徒不肯實下工夫，惟記誦
舊文意圖僥倖出身，今宜痛革此弊。」〔註80〕總的來說，這種記誦風氣已積
累多時，胡氏正是掌握「文人風氣」—「取士制度」之間的相互關係，進而在
「取士制度」上不停倡議「鄉選里舉制」，其中內容，也是胡氏對文人尚「德
行」與尚「文采」之間的辯駁，而這種辯駁關係，也呼應胡氏所言「以文詞取
士，不過空言無實，豈能得人？不若推訪論薦，乃能盡眾人公道，其得人必
勝如詞科。」〔註81〕

　　最後，胡居仁在批評「科舉」制度的同時，也對當時明代的「學校」機構

〔註74〕中央研究院歷史語言研究所校勘：《明實錄‧洪武六年二月》卷七十九，頁
　　　　1443。
〔註75〕（清）張廷玉等撰、楊家駱主編：《明史‧選舉二》卷七十，頁 1696。
〔註76〕中央研究院歷史語言研究所校勘：《明實錄‧宣德三年三月》卷四十，頁 979
　　　　～980。
〔註77〕（明）林堯俞等纂修、（明）俞汝楫等編撰：《禮部志稿‧始設提學官》（臺北：
　　　　臺灣商務印書館，1983）卷七十，頁 598 之 177 之 2。
〔註78〕（明）林堯俞等纂修、（明）俞汝楫等編撰：《禮部志稿‧始設提學官》卷七
　　　　十，頁 598 之 178 之 1。
〔註79〕（明）林堯俞等纂修、（明）俞汝楫等編撰：《禮部志稿‧始設提學官》卷七
　　　　十，頁 598 之 178 之 2。
〔註80〕（明）林堯俞等纂修、（明）俞汝楫等編撰：《禮部志稿‧考法》卷二十四，
　　　　頁 597 之 445 之 2。
〔註81〕（明）胡居仁撰、馮會明點校：《胡居仁文集‧古今》卷五，頁 69。

做出嚴厲的評價，這是由於明代的科舉制度將「學校」緊緊的扣環在一起，更可以說被「學校」所接納為生員，即踏上了功成名就的階梯。〔註82〕然而，就是因為「學校」對「科舉制度」與「選拔人才」如此重要，其中若有所弊病，也正大大的影響了這個國家汲取人才的問題，而汲取人才之問題也將導向到上層為官階級之組成，進而影響著整體國家社會一切推行的制度、風氣等一系列問題，這也正是胡氏特意批評明代「學校」之緣由。如就「學校」根本核心之問題，胡氏即言：

> 朝廷不以德行取士，天下學校根本先壞了。非惟不能成人才，又壞
>
> 人才。吾在紹興，與朱綖說今之秀才，有六七分天資，及入學校年
>
> 久，又壞了一半，只有二三分天資，綖以為然。〔註83〕

重視「德行」的胡居仁，批評朝廷不以「德行」取士，認為這樣一來「學校」的根本已壞，不但不能成就人才，甚至這樣進入學校學習的人才，反而因為「體制」上的侵蝕，使原本還尚有些許德行之士人，也壞其根本。近似的論述，如：「今學校之政，全無可觀。教養之法已廢，間有些好人出來，皆是天資自美，若不入德行一科，學校全整理不得。」〔註84〕綜觀胡氏「倡議鄉選里舉」、「批評取士制度」、「批評文人風氣」、「批評學校科目」，實則四者是具有連鎖關係的。而「鄉選里舉制」的倡議，也正是胡氏對其餘三者之批評所提出的改制。當然，其中的核心要點，胡氏也並非只是藉由「制度」去改易

〔註82〕《明史·選舉一》：「選舉之法，大略有四：曰學校，曰科目，曰薦舉，曰銓選。學校以教育之，科目以登進之，薦舉以旁招之，銓選以布列之，天下人才盡於是矣。」、「科舉必由學校，而學校起家可不由科舉。學校有二：曰國學，曰府、州、縣學。府、州、縣學諸生入國學者，乃可得官，不入者不能得也。」、「洪武二年，太祖初建國學，諭中書省臣曰：『學校之教，至元其弊極矣。上下之間，波頹風靡，學校雖設，名存實亡。兵變以來，人習戰爭，惟知干戈，莫識俎豆。朕惟治國以教化為先，教化以學校為本。京師雖有太學，而天下學校未興。宜令郡縣皆立學校，延師儒，授生徒，講論聖道，使人日漸月化，以復先王之舊。』……此明代學校之盛，唐、宋以來所不及也。」從這裡也能看出，明代這種「學校制度」可以說是明代人才取士極具重要的一環，《明史》中更以「唐、宋以來所不及」做結語，這種興盛的科舉制度，也是胡氏因為看到這制度背後的盲點，與可能造成的社會問題，故而特意批評之原因。上述對明代「科舉制度」中「學校」、「科舉」兩大體系之詳盡研究亦可參見《明代政治史》頁558～577。參見（清）張廷玉等撰、楊家駱主編：《明史·選舉一》卷六十九，頁1675。頁1675～1676。頁1686。

〔註83〕（明）胡居仁撰、馮會明點校：《胡居仁文集·古今》卷五，頁69。

〔註84〕（明）胡居仁撰、馮會明點校：《胡居仁文集·古今》卷五，頁69。

「制度」，相反地，胡氏應是藉由「制度」所改變的「人」（因制度改變所揀選之人有所不同）再改變「制度」，即「制度」→「人」→「制度」這樣一個機制，藉以改變國家整體風氣，即其所關注人之「德行」。

四、論井田與改革田制：安民以保其耕

（一）明代田土問題之背景

在探討胡居仁改革田制與倡議井田之思想前，必先明白明代的田土問題。明代是一個土地兼併嚴重的朝代，洪武年間經過明太祖的查核，「官民田」總數大約落在八百五十萬餘頃，〔註85〕但是到了弘志年間，官民田總數則變成六百二十二萬餘頃，〔註86〕全國的田土足足少了近四分之一的數量，這是非常詭譎的問題。事實上，這都是當時的貴族、豪強、上層階級的地主，為了規避繳稅而故意隱匿田土數量。而關於土地兼併則又分成兩種類型：一則「官田」（屯田）上的兼併問題，二則「民田」上的兼併問題。

首先，就「官田」問題上來看。自正統之後，屯田政事逐漸廢弛，屯田制度的崩壞也起因於上層軍官、內監的巧取豪奪，《明史》就曾云：「自正統後，屯政稍弛，而屯糧猶存三之二。其後屯田多為內監、軍官占奪，法盡壞。」〔註87〕而在《明英宗實錄》則指出更多良田遭軍官、豪強霸占奪取之敘述，茲言：「貴州等二十衛所屯田、池塘共九十五萬七千六百餘畝，所收子粒足給軍食，而屯田之法久廢，徒存虛名。良田為官豪所占，子粒所收百不及一，貧窮軍士無寸地可耕，妻子凍餒，人不聊生，誠為可慮」〔註88〕、「河南按察司僉事徐朝宗，奏大寧都司官軍都指揮僉事田禮等八千二百九十五員名，侵占

〔註85〕就明代「官民田」之制度：「明土田之制，凡二等：曰官田，曰民田。初，官田皆宋、元時入官田地。厥後有還官田，沒官田，斷入官田，學田，皇莊，牧馬草場，城壖苜蓿地，牲地，園陵墳地，公占隙地，諸王、公主、勳戚、大臣、內監、寺觀賜乞莊田，百官職田，邊臣養廉田，軍、民、商屯田，通謂之官田。其餘為民田。」其次，所徹查之總目：「洪武二十六年，官民田總八百五十萬七千餘頃。」參見參見（清）張廷玉等撰、楊家駱主編：《明史‧食貨一》卷七十七，頁1881。（清）張廷玉等撰、楊家駱主編：《明史‧食貨六》卷八十二，頁2005。

〔註86〕《明史‧食貨六》：「弘治時，官民田總六百二十二萬八千餘頃。」參見（清）張廷玉等撰、楊家駱主編：《明史‧食貨六》卷八十二，頁2005。

〔註87〕（清）張廷玉等撰、楊家駱主編：《明史‧食貨一》卷七十七，頁1885。

〔註88〕中央研究院歷史語言研究所校勘：《明實錄‧正統六年六月》卷八十，頁1594～1595。

屯地，四千一百二十七頃有奇，遞年不輸子粒」。〔註89〕這裡就指出，貴州的二十多個衛所的屯田、池塘，因屯田制度的崩潰，而徒有虛名。然而，這種情況並非單一事件，全國上下各地，軍官豪奪良田已然是一個普遍的情形。這些本來能足給軍食的農地，實則完全無法應付這些軍戶的基本生活，身為國家的軍士居然面臨無地可耕、妻子凍餒、民不聊生。這種土地的兼併與矛盾激化的問題，隨著時間也持續變本加屬，《明經世文編》對弘治年間「榆林」一帶豪強侵奪屯田、隱占為業、民不聊生的情形作出論述：「照得榆林一鎮，孤懸塞外，東西皆為虜衝，兵荒頻年，士不宿飽……或捐月糧扣補，或變家產包賠，年復一年，皮盡而骨立矣。富豪者種無糧之地，貧弱者輸無地之糧。」〔註90〕

其次，這種與民爭田的問題，不僅止於貴族、豪強，實則連上階層的國家領導者，王公階級們也是一樣，這裡就關係到了明代「莊田」問題（明代「莊田」大致可分三類──皇莊、諸王莊田、勳戚莊田和中官莊田）。〔註91〕洪太祖開始，就已經有這種莊田制度，《明史》云：「明時，草場頗多，占奪民業。而為民厲者，莫如皇莊及諸王、勳戚、中官莊田為甚。太祖賜勳臣公侯丞相以下莊田，多者百頃，親王莊田千頃。」〔註92〕但這時明太祖賜予公侯丞相的莊田，最多也僅止於「百頃」、諸侯王室則至多「千頃」，這與後來朝代皇帝賜田動輒「萬頃」，根本不可相提並論。〔註93〕其次，憲宗時更首開「皇莊」

〔註89〕中央研究院歷史語言研究所校勘：《明實錄‧正統九年十一月》卷一百二十三，頁 2462。

〔註90〕（明）陳子龍等選輯：《明經世文編‧清理延綏屯田疏》（北京：中華書局，1962）卷三百五十九，頁 3872 之 1～3872 之 2。

〔註91〕參見張顯清、林金樹主編：《明代政治史》（桂林：廣西師範大學出版社，2003）頁 44～63。

〔註92〕（清）張廷玉等撰、楊家駱主編：《明史‧食貨一》卷七十七，頁 1886。

〔註93〕不過這裡也能看到，明太祖在賜予功臣時，至多以「百頃」相予，然而誠如前論中提到的「侵奪屯田」、「掠奪民田」問題，正統英宗時因占田之風興盛，《明史》中也點出諸王、外戚、中官侵占的情形：「至英宗時，諸王、外戚、中官所在占官私田，或反誣民占，請案治。比案問得實，帝命還之民者非一。乃下詔禁奪民田及奏請畿內地。然權貴宗室莊田墳塋，或賜或請，不可勝計。」而這種占田風氣的興盛，使原來太祖時只有「百頃」的大臣們，到英宗時，其權臣石亨，在懷來等地擁有莊田數甚至達到 1700 餘頃，《明實錄》：「戶部劾忠國公石亨，私役邊軍占種懷來等處地，一千七百頃有奇。」石亨的千頃田地還只是個開始，後期的權臣、宦官甚至後來擁有「萬頃」地的諸王，都是使社會矛盾激化的根本原因。參見（清）張廷玉等撰、楊家駱主編：《明史‧食貨一》卷七十七，頁 1887。中央研究院歷史語言研究所校勘：《明實錄‧天順三年十一月》卷三百九，頁 6499。

風氣：「憲宗即位，以沒入曹吉祥地為宮中莊田，皇莊之名由此始。」〔註94〕
憲宗這種將田地納為王族已用的手段，至此讓後來的皇帝有一個實質的名目，
可以巧奪民田。而到了孝宗時，連戶部尚書李敏都看不下去這種風氣，更以
此諫言：「畿內皇莊有五，共地萬二千八百餘頃；勳戚、中官莊田三百三十有
二，共地三萬三千餘頃。管莊官校招集羣小，稱莊頭、伴當，占地土，斂財
物，汙婦女。稍與分辨，輒被誣奏。官校執縛，舉家驚惶。民心傷痛入骨，災
異所由生。乞革去管莊之人，付小民耕種，畝徵銀三分，充各宮用度。」〔註
95〕雖然最後弘治帝因迫於多方輿論「罷仁壽宮莊，還之草場，且命凡侵牧地
者，悉還其舊」〔註96〕但這也只是形式上的權衡而已，與民爭利的「莊田」
政策，有明一代田土問題幾乎沒有太大的改善。《明代政治史》就對「莊田」
問題，指出這就是一種國家對人民「赤裸裸的公開掠奪」。〔註97〕而這種與民
爭利的持續掠奪，就如《明史》在〈莊田〉一文中所下的結尾：「蓋中葉以後，
莊田侵奪民業，與國相終云。」〔註98〕回歸到胡居仁的經世思想，胡氏生年，

〔註94〕（清）張廷玉等撰、楊家駱主編：《明史・食貨一》卷七十七，頁 1887。而
《明實錄》也對這段史事記載詳備，茲言：「天子以四海為家，普天率土莫非
所有，何必置立莊田與貧民較刀錐之利哉？且財盡則怨，力竭則懟。今東光
之民失其地土矣，而賦欲比之公田又三倍其數。民困如此，非死即徙，非徙
即盜，亦可知矣。」參見中央研究院歷史語言研究所校勘：《明實錄・成化十
六年五月》卷二百三，頁 3553～3554。

〔註95〕（清）張廷玉等撰、楊家駱主編：《明史・食貨一》卷七十七，頁 1887。《明
實錄》對李敏這段上疏則載曰：「臣惟災異之來，率由民心積怨所致。切見畿
內之地，皇莊有五，共地一萬二千八百餘頃。勳戚、太監等官莊田三百三十
有二，共地三萬三千一百餘頃。比來管莊官校人等，往往招集無賴群小，稱
為莊頭、伴當、佃戶、家人名目，占民地土，斂民財物，奪民孳畜，甚至污
人婦女，戕人性命，民心傷痛入骨。少與分辯，輒被誣奏，至差官校拘挐，
舉家驚憾，怨聲交作，災異之興皆由於此。……且普天之下，莫非王土。若
以此地為皇莊，則其餘者非朝廷之土乎？今若革去管莊之人，撥付小民耕種，
畝徵銀三分，歲可得銀三萬八千餘兩，比之官校掌管所得尤多。以此銀歸之
內帑，充各宮用度，則不顯立皇莊之名，而有實用之效矣。」參見中央研究
院歷史語言研究所校勘：《明實錄・弘治二年七月》卷二十八，頁 629～630。

〔註96〕（清）張廷玉等撰、楊家駱主編：《明史・食貨一》卷七十七，頁 1887。

〔註97〕《明代政治史》：「建立皇莊的目的，是為了滿足宮中的高消費需要。地租收
入全歸皇室所有。實質是封建皇帝與國與民爭利，是對國家正稅田賦收入的
一種赤裸裸的公開掠奪。從國家財政制度上說，是皇帝在其原有的『金花銀』
的基礎上，為了無限制增加皇室收入，隨意破壞內廷與外廷的開支各有定數、
專款專用制度。」參見張顯清、林金樹主編：《明代政治史》，頁 45。

〔註98〕（清）張廷玉等撰、楊家駱主編：《明史・食貨一》卷七十七，頁 1889。

正逢在英宗、憲宗之時，承如上述所舉，英宗的「占田」之風始盛、憲宗更開「皇莊」之風氣，這種不斷侵奪下層百姓的制度與問題，身為下階層的胡居仁一定更加有所感觸，這也是其想要復古井田，與對當時田制作出許多批評與改革之建言的緣由。

（二）田制改革之經世思想

從前述對明代土田問題之背景探討，也能發現明代土地問題之嚴重性，可以說一個國家整體上下階層的和諧，幾乎都是以「土地」作為平衡，只是這個平衡往往在上層階級無止盡的兼併下，將累積已久的社會矛盾一次傾瀉而出，最終導致了不可挽回之動盪局面。胡居仁生年雖僅在正統——成化年間，然而就如前論題到的，從正統以來不僅整個國家由盛轉衰，即使不論國家局勢之問題，單就國內政策來看，從正統英宗以來「占田」的兼併風氣逐漸興盛（如首開中官莊田），成化憲宗更首開「皇莊」的與民爭利之風，其中也包含被貴族、豪強、上級軍官所壓迫、榨取基本生存需求之軍戶、平民。

首先，先就胡氏所提出之社會狀況來看：

> 井田之法不行，田地多被富豪、有智謀者，用銀穀買而兼併之，愚民常少衣食。」〔註99〕

> 要天下富足，須要使人人去耕，又要使人人有田耕。今天下不耕而食多於耕者，如何人不貧窮？〔註100〕

> 天下之民，所以貧困者，雖因田地不足，然亦非一端。或因賦斂重，或力役繁，或用度奢侈，或游手者多，或水旱蟲蝗，或坐食者眾。
> 今工商多而農少，亦貧困之一端也。〔註101〕

胡氏言「田地多被富豪、智謀者兼併」正直擊著前論明代田土問題的核心，其次言「今天下不耕而食多於耕者」也間接說明許多平民無田可耕之情形，當然這其中有一半的問題不僅是無田可耕，故言「雖因田地不足，亦非一端」。實則也呼應「今工商多而農少」世人皆以「利」為本，只追求物質金錢上之問題。可以說當時的明代社會，從上到下，不僅上層階級侵奪民田，使平民田地不足無田可耕、另一方面國家對平民的賦役也繁重不堪，平民在唯一可供

〔註99〕　（明）胡居仁撰、馮會明點校：《胡居仁文集‧古今》卷五，頁72。
〔註100〕　（明）胡居仁撰、馮會明點校：《胡居仁文集‧古今》卷五，頁72。
〔註101〕　（明）胡居仁撰、馮會明點校：《胡居仁文集‧古今》卷五，頁72。

生產的田土都被侵奪的情況下，再加上賦役的重擔，也使得社會矛盾不斷的激化；胡氏從百姓的眼光來看，下層階級者也都以「利」為本，人人以「工商」之業為逐利之道，這種負面的循環下，正是下層階級貧困加重的原因之一。當然，這種逐利問題，也應由胡氏前論「由上而下」的風氣問題去探究，而這些根源則將歸咎於上位者之根本問題。

其次，「土地」作為整體國家的基礎生產與發展之根源，故而胡居仁在倡議「井田」古法解決當前社會問題中，相較其他所倡議之古法上，則顯得其急迫與重要：

> 封建諸侯，先儒以為當復者，又有以為不可復者。以為可復者，使民各有主，以賴其愛養，區域周密，無天下土崩之患。以為不可復者，恐世襲封爵，或多驕淫害民，或據有土地人民，天子難制，易為亂叛，故無一定之論。愚嘗思之，惟孟子有言：「徒善不足以為政，徒法不能以自行。」程子曰：「必有《關雎》《麟趾》之意，然後可以行《周官》之法度。」則此法非聖王不能行之，審矣。然井田之法，所制民產以養民，雖中才之主，皆當勉力行之。故孟、程、張、朱皆急於井田，緩於封建。或曰：「設行封建，當依《孟子》言百里？當依《周禮》言五百三百？」曰：「但當百里。」曰：「郡縣可行井田乎？」曰：「可。」曰：「王莽何以不能行？」曰：「王莽以小人竊君子之器，覆亡不暇，能行王政乎？」〔註102〕

胡氏以「土地」為核心出發，認為其「可復者」即是「使民各有主，以賴其愛養，區域周密，無天下土崩之患」；認為其「不可復者」即「世襲封爵，或多驕淫害民，或據有土地人民，天子難制，易為亂叛」。這兩者所牽涉到的問題，都是跟「土地」平衡有關。若使平民賴其愛養、無天下土崩之患，則既無貴族驕淫害民、據民土地，亦無天子難制、諸侯叛亂問題。國家的動盪問題往往是不同階層間的矛盾激化、爆發所導致而成，若屬於多數群眾的平民百姓能安居樂業，整體國家之動盪問題也將不至發生。所以，胡氏這裡一方面以「可復者」保障平民階層的基本生存權益，一方面也以「不可復者」認為世襲貴族多害民、難制、叛亂，實則反映出明代體制之問題。這兩條路線交致之下，胡氏以「法非聖王不能行」出發，考量君主之才能問題，故而認為只有「井田

〔註102〕　（明）胡居仁撰、馮會明點校：《胡居仁文集‧古今》卷五，頁66～67。

之法」才能改善這一情形，即所言「然井田之法，所制民產以養民，雖中才之主，皆當勉力行之。」其中，也以「故孟、程、張、朱皆急於井田，緩於封建」、「郡縣亦可行井田」，表現出「井田」之於「封建」更具急迫性與重要性。然而，這當中的「法度」問題，也正如前文各處中，關於「推行者」、「施行者」之於「德行」的問題，亦言「王莽不能行」與其「以小人竊君子之器」為原因，胡氏在倡議古法的同時，也一再強調以「德」為本的基本核心原則。

再者，就田制改革上更細部內容，胡氏亦提出裁量之法：

> 井田什一，漢雖三十稅一，然豪強兼併，貧人盡力耕種，富者分去一半，是十分而稅五。漢文帝盡赦田稅，貧民未嘗受惠，荀悅之論是也。王莽欲行井田，然篡逆之賊，君子不為用，小人在位，吏緣為姦，騷亂天下。蘇氏、葉氏、馬氏皆以為真不可行，誤矣。唐太宗口分授田，遂致貞觀之治。若聖王得人任職，舉井田而行，畫成區數，隨高低長短闊狹，每區以百畝為率，每畝以百步為率，分上中下三等，上等八口九口，中者七口六口，下者五口，未至五口，或過乎九口，別行區處。或曰：「田之數不可益，人之生無窮，只恐將來人多田少，養不給，如何？」曰：「天地間氣，只生得天地間許多人，既生之，必能養之。」將海內之田，區畫已定，籍記天下人口之數而加減之，只要均平，不拘多少，多則每區十人亦可，少則每區四五人亦可，當以田為母，而區畫已有定數，以人為子，而增減以受之。〔註103〕

這段引文中，胡氏主要提出兩個社會上所隱含的重大問題，一則是豪強兼併，使貧民即使辛勤耕種在層層剝削下，半數以上所得幾乎不歸於己；二則論及人口膨脹，土地有限人口無限之問題，即言「田之數不可益，人之生無窮，只恐將來人多田少」。所以，胡氏以「井田」之法為核心，劃量土地區域，每區以百畝為基礎單位、每畝則又以百步度量，將土地分成上中下三等田，以上等者分於八、九口；中等者分於六、七口；下等者分於五口以下，這樣一來上等良田亦不會因為所攤人口少而負擔過輕，下等劣田亦不會因為所攤人口過多而分食不足。另外，關於人口膨脹問題，對於裁量、籍記這種清查天下土地之作法與態度，一如筆者前文論及明太祖時，天下田土劃定八百五十萬有餘，然而在種種兼併的情形下，到了弘治年間天下田土能被記載者，僅剩六

〔註103〕（明）胡居仁撰、馮會明點校：《胡居仁文集‧古今》卷五，頁71。

百二十萬有餘，整個國家的土地在每一朝皇帝忽略貴族兼併、輕慢平民權益、更甚於王室與民爭田等情況下，全國整整少了既有田土之四分之一。而胡氏認為應該以田為母數去攤平人口、區劃田土地域，這種策論上的思想已非俗儒之見解，有明一代這種對於田土問題上裁量的重視，直到神宗年間張居正變法，才清查出許多被豪強貴族所隱占之田土，胡氏這種政策思想實與張居正有異曲同工之妙。

最後，胡氏在田制上的改革，也將「屯田」與「井田」聯繫起來，希望進一步地由「屯田」復興「井田」，這也能使前論中明代從正統年間廢弛的「屯田制」有了改善，而胡氏對制度本源上的變革，實針對著明代官民田問題中「屯田」—「井田」的聯繫關係，呼籲上位者由上而下，由「官田」到「民田」做出改革：

> 屯田之法，須如古者井田。官買田為之分成區域，每區所入，可食
> 六七人，令軍人移家就佃，選賢能為之師，修明戰法，敦尚仁義，
> 有事則戰，無事則耕，非惟可免饋運，可以漸復井田。〔註104〕

胡氏就「屯田之法」關注，實與正統開始屯政廢弛、軍官侵奪有關，故而胡氏認為「屯田」須以古代的「井田」為核心，一方面藉由官方買田劃區，如前文對「井田」等級的劃分，使田畝與人口之間達成平衡；一方面胡氏也以「選賢能為之師，修明戰法，敦尚仁義」，推舉尚「德」之人，也能使明代上級軍官兼併土地問題有了根源上的改變。誠然，胡氏在各種制度的倡議下，還是以「人心」這種最根本的問題去考慮，人心善惡牽扯著制度推行後一系列的問題，所以胡氏一方面以「制度」為「用」，去考量古法制度對應當代社會能夠施行之部分；另一方面也以「德」（仁義之心）為「體」，促使整體國家社會能從根本上，由上而下的敦睦明義、德仁並具的改變，這也是胡氏倡議古法制度上，一系列不可分割的思想脈絡。

五、論兵制與用兵思想：寓兵於農，修立教化

（一）明代兵制流弊

明代兵制的問題，包含幾個要點：其一，對軍戶的剝削與壓迫（如前述侵奪屯田）；其二，軍戶的派發地點為防範逃兵、造反等問題，衛所的分派將

〔註104〕（明）胡居仁撰、馮會明點校：《胡居仁文集·古今》卷五，頁75。

南方之士分派到北方、北方之士分派到南方，但路途遙遠，軍士多在過程中逃兵或死亡；其三，長途路途所需的費用盤纏，與軍裝保養費用等一切由軍戶自行承擔；其四，軍戶世襲制之衍伸問題。

　　所以，縱使國家有分派土地給予軍戶，但是在層層壓迫與剝削、侵奪的現象下，軍戶的生活問題實則日益艱難，許多軍戶的權益時刻都被上級軍官、地方權貴、豪強日益侵犯。此外，因為一切軍需資費幾乎由軍戶自行承擔，在權益日漸委靡的情況下，負擔越發沉重、生活也越發艱苦。再者，軍戶在赴役衛所的地點，往往與自身的原籍地相隔千里，過程中除了艱苦的長途跋涉需要克服外，南方軍士必須應付北方寒凍的不適應、北方軍士則要應付南方的瘴癘溼熱，再加上路上所需的資費又必須自行承擔，派發千里外的下產之家，則家產半廢；派發兩千里外的下產之家，則家產盡廢；派發三千里外的中產之家，亦如同派發千里的下產之家，家產半廢。明人王世貞就曾言：「至於每軍一名，僉里役二名，押解此輩，非有腴田上貲，應此踐更者也，又非身犯罪譴應流置者也。使之廢廬產，鬻子女，觸冒寒暑，凌歷瘴險，以與軍共一旦之命。蓋至于千里之外，而下產半廢矣；二千里之外，而下產盡廢矣；三千里之外，而中產亦半廢矣。」〔註105〕這種路途盤纏的負擔，再結合上述南方軍士派發到北方，北方軍士派發到南方的問題，光是這兩個部分，已可以想像到，軍戶們所承擔龐大、艱難的負擔。

　　明人楊士奇（1365～1444）也對這個制度發出詰難：「為兵備事，切見今差監察路御史清軍、有以陝西山西山東河南北直隸之人，起解南方極邊補伍者，有以兩廣四川貴州雲江西福建湖廣浙江南直隸之人，起解北方極邊補役者，彼此不服水土，南方之人死於寒凍，北方之人死於瘴癘。且其衛所去本鄉或萬、或七八千里，路遠艱難，盤纏不得接濟，在途逃死者多，到衛省少。長解之人，往往被累，非但獲罪，亦有艱難死於溝壑而不知者，深為可憫。」〔註106〕這裡清楚地勾勒出，當時明代制度讓軍戶承擔著巨大困難，這不僅僅只是「金錢」、「費用」上的問題，即便撇除了軍戶自行承擔費用上的問題，軍士們也必須承受步行數千里，所面臨「路遠艱難死於溝壑」的風險，再加上前述中提到的「屯田」問題，軍戶們唯一的生產工具面臨侵奪、剝削，這時他

〔註105〕　（明）陳子龍等選輯：《明經世文編・王弇州文集一》卷三百三十二，頁3543之2。

〔註106〕　（明）陳子龍等選輯：《明經世文編・楊文貞公文集一》卷十五，頁109之1。

們唯一能選擇的道路只有逃亡一途，更甚者則與官府展開武力抗爭，〔註107〕而《明實錄》也描寫這種制度下，軍士逃亡的「盛況」：「天下都司衛所，發冊坐勾逃故軍士，一百二十萬有奇。今所清出十無二三到伍，未幾，又有逃故，難以遽皆停止。」〔註108〕

結合上述內容則能發現，軍戶們不只開始時制度上的壓迫，即使幸運地到達派發的衛所地，還必須面臨上層軍官、權貴的剝削、壓迫、無償役使，再加上前述所言「屯田土地的侵奪」，軍戶們根本無力承擔基本的生活條件與費用。

又如《明代政治史》所述，軍士的家屬們因為不能自養，甚至只能逃亡投托到豪強、地主之下充任佃戶或家奴，更甚者則「嘯聚山林」、「與官爭鬥」。〔註109〕即使明代也有防範軍士逃亡的「勾補制度」，這種極端的剝削、壓迫體制下，也體現在「勾補軍士」上——這些官方所派出到逃亡軍士原籍地勾補家丁的軍士，也往往成為「逃軍」。前述《明實錄》所載之「逃兵」資料，《明代政治史》也統計了這些逃亡的軍士，大略已占將近全國軍隊總數的一半。〔註110〕

由此可知，逃亡之風已然是一個普遍的現象，而這個現象的根本原因，又基於國家對世襲軍戶權益的不重視與剝削壓迫。侵奪屯田的問題在沒有改善、且不斷積累的情況下，實則直接影響著軍戶們越來越不堪的生活，促使軍隊素質問題、逃亡問題越發嚴重。進一步來說，明代的軍事制度實則已大不如前且日益衰退，這也體現在後來衛所制的崩潰，與募兵制的實行。衛所制的分崩也

〔註107〕「在衛所的軍士，要飽受軍官的勒索和對軍糧的剋扣、拖欠之苦；他們還要被衛官無償地役使，或被迫在邊境衛朝中權貴耕種莊田。除了於起解途中軍士逃亡病故外，衛所的軍丁及家屬由於不能自養，也紛紛逃亡，有的投托權豪勢要、大地主門下，充任佃戶或為家奴，有的則嘯聚山林，與官府展開武裝鬥爭。在籍的軍戶也往往脫籍為民戶。於是衛所軍因逃亡而缺額的現象越來越嚴重。軍士逃亡缺伍，要到原籍戶下勾攝，『下有司提本軍，謂之跟捕；提家丁，謂之勾捕』，但派出勾軍的官校也常常成為逃軍。」即使軍戶有國家賜予的「軍田」，但因衛所制的軍費全由軍戶承擔，還有各層軍官、豪強、權貴的種種壓迫與剝削，軍戶生活之困難致使許多人逃亡。參見張顯清、林金樹主編：《明代政治史》，頁531。
〔註108〕中央研究院歷史語言研究所校勘：《明實錄・正統三年九月》卷四十六，頁889。
〔註109〕參見《明代政治史》，頁531。
〔註110〕參見《明代政治史》，頁532。

造成明代「兵帥分離」的制度破壞,尤其是後來戚繼光的「戚家軍」,軍隊名稱
冠以軍官之名,顯示著原本有利於鞏固中央集權的軍事制度,逐漸分散了中央
的集權統治,軍隊至始從屬於個別、獨立軍官的個人勢力(已不隸屬於國家的
世襲體制,這些新興士兵來去自由,且只聽從所招募軍官的指揮)。

最終,這些核心問題也都交織成明代末期,整體國家崩潰之因。生年歷
經明代土木堡之變的胡居仁,對「兵制」、「用兵」的關注也不亞於對「田制」、
「井田」的關注,一方面明代在經歷土木堡之變後,不僅皇帝被俘辱其國格,
一方面明朝的軍隊質量也大幅地降低與減少。作為思想家的胡居仁更多地則
關注事態本質上的問題,不僅駁議著明代世襲的衛所兵制;另一方面則更多
地聚焦於「用兵思想」上,這當中的核心本質莫過於軍隊的「紀律」,與理學
家所重視「仁義」。

(二)對兵制的駁議與用兵思想

胡居仁對「軍隊」、「兵制」的主張,大體可分為兩條脈絡:其一,是關於
明代衛所兵制所涵攝的「世襲」問題,胡氏強調「寓兵於農」的重要性;其
二,聚焦於軍隊的「素質」、「紀律」、「仁義有無」等軍隊理論上,這也與其理
學家的特質有關,故而此部分著墨甚多。

首先,胡居仁就當時明代世襲的衛所制度所提出的非議,茲言:

> 古者民即軍,無事則耕,有事則戰。後世既無寓兵於農之法,遂有
> 長徵兵。今又有世襲軍,故有民戶、軍戶。〔註111〕

> 今武官世襲,軍人世襲,兵安得不弱?如祖父智勇兼全可為武官,
> 子孫或愚弱,可供職乎?祖父壯健可為兵,或子孫少弱亦可為兵
> 乎?只合文武合一,兵農合一,遴選賢能為之主治,無事時修立教
> 化,務農講武,有事時則簡練精壯者以為兵。〔註112〕

胡氏在「世襲」問題方面,從軍隊的「質量」作為切入角度,他認為軍人這種
世襲制度,必然會使整體軍隊素質越來越差,即使祖父智勇相兼,其後世子
孫也難保與其相當,這樣一代一代的世襲下去,實則必然導致國家軍隊的整
體素質低下,況且當時對軍戶的壓迫,如軍費由其軍戶自行承擔,軍戶生活
早已不堪,基本生活已無所得,這也必然使當然各個軍人的裝備良莠不齊。

〔註111〕(明)胡居仁撰、馮會明點校:《胡居仁文集·古今》卷五,頁72~73。
〔註112〕(明)胡居仁撰、馮會明點校:《胡居仁文集·古今》卷五,頁76。

胡氏這裡雖然未點出當時軍戶們所面臨的悲慘生活，但從他關注著軍隊的「素質」與「世襲」所導致的連鎖問題，實則已能與前論中明代軍戶的寫照做對比。另外，一如對軍戶基本生活上的問題，胡氏也提出「兵農合一」、「遴選賢能」兩項改革方針，這兩項改革內容都暗示著當時衛所軍戶生活的問題，如當時「屯田」之法逐漸廢弛、軍隊不堪的素質與紀律，也導致衛所的上級軍官對下級軍人的壓迫，胡氏提出「兵農合一」實則與前論中對「屯田制」的復興相對，「屯田」之法的重要也是源於，這是軍戶維持基本生活的主要收入，但當時官方派給軍戶的官田，因為內部官僚體制的腐敗與對軍戶權益的忽視，軍戶被派發的田土幾乎都被上級軍官、地方權貴豪強掠奪，胡氏這種「兵農合一」理論正是配合前論中倡議復興「屯田」、「井田」制度的內容，這都是針對當時軍隊內部與社會所面臨的問題提出，這種制度的規劃若能有效實施，實則能對當時被隱占、掠奪的田土問題有相當程度的改善，一方面不僅使國家的稅收豐沛，另一方面，利用「屯田」與「井田」也能準確核實田土的所有人問題，進一步的改善被壓迫與掠奪的下級軍戶與下層階級。至於胡氏在軍隊的長官核選方面，也以「遴選賢能」作為核心，這也能有效地改善，下級軍戶當時被上級軍官欺壓、剝削的種種問題。總結來說，胡氏對「世襲制」的駁議、「兵農合一」、「遴選賢能」的制度改革，這些都是針對當時明朝體制上累積已久的腐敗問題，一方面胡氏對「世襲制」的非議，實則改善長期握權在上，壓迫下級軍戶的軍官問題，一方面也能改善這些受世襲所困的下級軍戶們的悲慘生活；而對「兵農合一」的理論則呼應其「屯田」之法復興、「井田」古制效仿，一方面不僅能有效清查國家田土所有權問題，實則藉由「清查」→「劃分區界」→「解決隱占田土」→「良田、劣田皆能有良好分配」→「改善下層階級基本生活」等一系列的手段從根本上改革，另一方面也能達到「修立教化，務農講武」、「無事則耕，有事則戰」寓兵於農的完善制度；而最後以「遴選賢能」也能更進一步的將無才無德，只知掠奪、剝削的上級軍官替換，進而以德賢並具之賢者作為主事者，這樣一來又能正向的去推行上述的改革制度，形成一個正向反饋機制，這也是胡氏在論述各種經世理論、思想時一再以「德」為本質的核心關係。

其次，關於軍隊「素質」、「紀律」、「仁義有無」等用兵方面的經世思想，胡居仁言：

> 兵者，聖人不得已而用之，為誅暴禁亂，弔民伐罪而設。主之須是
> 仁義之人，智勇可用於暫時，亦利害相半。〔註113〕

> 兵以仁義為本，當先嚴紀律，設謀制勝在後。〔註114〕

> 兵雖主之以仁義，亦須法律謀議具全，方可用。〔註115〕

> 兵雖曰咸克厥愛，然愛行乎其中。不知此，則必有敗亡之禍，無以
> 全其生。故仁義之兵愈嚴。〔註116〕

胡氏以聖人之心為本，首先他強調著「兵者，聖人不得已而用之」，聖人用兵
必定是以「仁義」為本，即是以天下百姓為本「為安民以伐暴」，這種以「仁
義」為本的核心脈絡，也將使各種「以兵犯險」、「以兵脅民」、「以兵相奪」等
全都以「私」、以「利」之情事不致發生，如其言「兵主於誅暴禁亂安民，故
以不殺人為本。其殺人者，不得已也。此亦是以生道殺人。」〔註117〕、「先王
之兵，在於救民伐暴，禁亂保邦。後世之兵，在於利己殺人，逞忿快欲。」〔註
118〕這也是胡氏將「兵」與「仁義」做聯繫關係，正如同他一再非議上位者皆
抱持「私心」、「利心」問題，故而以「仁義」、以「公天下」為本，才能確立
以民心所向「誅暴禁亂」、「生道殺人」之合理性。

　胡居仁在「仁義」的基礎下，進一步的以軍隊「紀律」、「素質」相呼應，
如其言「兵以仁義為本，當先嚴紀律」、「兵雖主以仁義，亦須法律謀議具全」，
實認為以「仁義」為主之師，必然要確立嚴格的軍隊紀律，如此一來不僅軍
隊紀律嚴明莫不可擋，此仁義之師也必然不會有利己殺人，逞忿快欲之舉。
從現實的角度來看，所謂仁義之師勢不可擋之由，實乃其所持的理由正當，
故而士氣旺盛銳不可擋，而敵方無堅實之理故自萎自衰；其軍容整齊兼備、
紀律嚴明，故而帥令一出到位分明，而敵方利心私欲充其自身故離散雜亂，
這也呼應胡氏所言：「兵不可妄動，必誅暴伐罪乃可出。故三代以前，出師皆
有誓，所以聲明所討之罪。以一我三軍之心，曉我三軍之意，齊其號令，嚴其
紀律。彼之君民，既知己罪，則氣自喪，心自離。故仁義之兵，理不可敵。後

〔註113〕　（明）胡居仁撰、馮會明點校：《胡居仁文集‧古今》卷五，頁74。
〔註114〕　（明）胡居仁撰、馮會明點校：《胡居仁文集‧古今》卷五，頁74。
〔註115〕　（明）胡居仁撰、馮會明點校：《胡居仁文集‧古今》卷五，頁74。
〔註116〕　（明）胡居仁撰、馮會明點校：《胡居仁文集‧古今》卷五，頁74。
〔註117〕　（明）胡居仁撰、馮會明點校：《胡居仁文集‧古今》卷五，頁75。
〔註118〕　（明）胡居仁撰、馮會明點校：《胡居仁文集‧古今》卷五，頁75。

世多忿慾之兵，無詞可執，或有詞可執者，亦因天理不明，不能剖破姦雄亂賊之心事罪惡，以昭告軍民遠近，以壯我師之氣，以服敵人之心，是以苦於戰鬥，而不足以正天下。」〔註119〕

　　總結來說，胡居仁對於「兵制」與「用兵」的經世思想，縱向來看，在對「兵制」問題方面的駁議與改革，乃是一種由上而下的改革方針，在「兵制」的內容中，不僅結合著「屯田」、「井田」的田制要點也接續著對上位推行者以「德」為本的核心脈絡，而在改革的範圍中也從上階層到下階層為整體的連鎖關係。胡氏的經世思想，實則貫穿從第一節以來對上位者本心、社會百姓風氣等一系列由上而下國家統治、社會制度、風氣氛圍的批評與分析；橫向來看，胡氏在「用兵」方面由內而外的，從軍隊本質有無仁義出發，進一步擴展其軍隊的「士氣盛衰」、「紀律寬嚴」、「素質高低」等各個層面。整體而言，不單單在「兵制」的論題上，必須配合其他的層面與背景脈絡來看，每一個論題都是上下、內外交互影響而又相呼應著，這也是胡氏經世思想上的核心本質，一方面有著以理學家的角度去闡述「德」之本心的重要（牽涉著推行制度的成敗、國家社會整體風氣），另一方面則又提出對當朝客觀制度上的改革方案與舉措，這也是當時理學家少有之見解與行為，也正如張伯行言：「此皆有體有用，內聖外王之學」〔註120〕之評價。

〔註119〕　（明）胡居仁撰、馮會明點校：《胡居仁文集·古今》卷五，頁73。
〔註120〕　（清）張伯行：〈胡敬齋居業錄序〉，《正誼堂文集》（清康熙張伯行編同治左宗棠增刊本）卷之七，頁12-1。

第五章　結　論

　　過去學者對於胡居仁的思想成就，往往局限於對「宋明理學」一詞上的
界定，而將胡氏視為程頤、朱熹在明代的傳道者之註腳，未能重視胡氏在工
夫論題及其經世致用思想上的學術成就，但就如張灝所論：

> 「經世」和許多其它的儒家基本觀念一樣，在宋明儒學的思想脈絡
> 中，它的意義不是孤立的，不是單元的，而是與許多其它的儒家基
> 本觀念，互相纏繞，息息相關。因此「經世」觀念的意義必須由它
> 在整個宋明儒學的義理架構中的位置而定。換言之，「經世」就其作
> 為儒家人文精神的一種基本價值取向而言，是不能和儒家的成德精
> 神與宇宙觀分開來考慮。〔註1〕

論及宋明理學，學者往往將焦點放在「形上學」的宇宙論、本體論，然而宋
明理學之意涵本應為儒家的「成德精神」做為核心，故而胡氏的思想成就，
也不應當被埋沒在以「成德精神」為本的宋明理學之洪流當中，因為「理學」
的核心本體，本是為了解決與體現現實生活上的方方面面，「理學」的終極
旨意本不是為了與現實層面割裂，應當是為了結合現實生活才能發揮其思想
光輝。

　　其次，論及明代程朱理學時，大多的既定印象往往認為這時期中，除了
「心學」一系有所突破於程朱之外上，延續程朱一脈以「理」為本體之學者
無太大進展，只能作為程朱一系的註腳而論。以胡氏來說，《明史》中提到：

〔註 1〕張灝：〈宋明以來儒家經世思想試釋〉，《近世中國經世研討會論文集》（臺北：
　　　　中央研究所近代史研究所，1984），頁 4。

「原夫明初諸儒，皆朱子門人之支流餘裔，師承有自，矩矱秩然。曹端、胡居仁篤踐履，謹繩墨，守儒先之正傳，無敢改錯。學術之分，則自陳獻章、王守仁始。」〔註2〕又如近人呂妙芬在《胡居仁與陳獻章》亦言：「胡居仁的思想內容可以說完全沒有離開朱子的範圍，在理論的架構上也沒有突破朱子之說；但是對朱子學說中各論題的份量，卻有所偏移。亦即將理氣、太極等形上學、宇宙論的部分都削弱了，而把學問重心移到個人一身的修養上……雖然他自覺並未離開朱學，就其學問的大體而言也屬朱子學派，但實際上『心』在其整體思想中的比重與強調的程度，已是大大被提高」。〔註3〕但從前論所整理出胡氏之工夫內容、經世思想，實則不若《明史》抑或呂妙芬先生所言。如筆者對胡居仁繼承程朱學系之問題與異同上，包含其對於「心體」地位提高之意義、因心學思潮下特有的工夫方法與特點、以「敬」貫通一切未發已發、體用動靜與現實活動之論點、又若其最重視之「經世思想」一論，自可明見。

再者，胡居仁哲學思想，即關於「理氣」、「心性」一論，實則在朱子所設立的架構之上，再予以演進。如胡氏之學術背景對於哲學三論（理氣、心性、工夫），已然從朱子時代對本體論、宇宙論系統性建構的重視，轉向現實篤行、履踐之工夫論題。也正因為其所注重之論題，乃在於「篤行」、「履踐」之現實工夫上，故而才能發展出其有別於此時代的理學學者——「只言形上之體、不言現實之功」之經世內容。茲此，胡氏之思想才得以不囿於大部分學者談及「宋明理學」時，陷入對於「理學」一詞的狹義限縮與既定的意識形態。如言及此時代的理學家，往往只將其思想成就聚焦於他們對「形上學」發展上的貢獻，而較少關注更宏大的整體——如其所論及之理學家本身真正重視與關注的論題上為何。如前論所引陳榮捷先生所言：

> 從以上四儒（曹端、薛瑄、吳與弼、胡居仁）之論，吾人已確切覺察早期明代新儒學已對形而上學及格物窮理諸論題之知性方面較少興趣；而於心之存養與居敬諸工夫，則較多關注。〔註4〕

陳榮捷先生雖點出此時代的程朱理學家，對於形上學的關注較少興趣，但歸根結柢還是只把焦點放在哲學論題中——「理氣」、「心性」、「工夫」之命題

〔註2〕（清）張廷玉等撰，楊家駱主編：《明史・列傳一百七十・儒林一》（臺北：鼎文書局，1980）卷二百八十二，頁7222。

〔註3〕呂妙芬：《胡居仁與陳獻章》（臺北：文津出版社，1996），頁163。

〔註4〕陳榮捷：《朱學論集・早期明代之程朱》（臺北：臺灣學生書局，1982），頁340。

上。誠然，此時代的程朱理學家雖以「心論」為其發展重點，實則其核心意義，目的是做為他們關注現實意義上的基礎，他們並非以「心體」作為其核心基點出發，並以此作為其思想上之大意。又若以胡氏為例，其在哲學論題上把「心」的地位提高，實則也是為了呼應，所期望的「經世之用」要如何實踐與推行，而這當中的關鍵則在於個人的存養之心、修養之心、聖人大公之心，所以胡氏在哲學論題上把「心」的地位提高是一種必然，真正的原因是為了讓經世思想中的踐履實行，有一個客觀的核心準則。其中的因果關係，應當是其對於現實「經世」上的重視，進而產生「心」之地位所提高之必然；並非是對於「心」的重視，進而導致對「形上學」的不重視與沿襲宋人程朱的宇宙論、本體論，這種推論實乃導果為因、導因為果之謬誤。

　　最後，回到前述所提到之「成德精神」，固然胡居仁的經世思想中，在提出與解決問題時，往往以「古法」為立論根基，其實這並非單因為「古法」制度層面上的優點。其倡議古法的本質，與對各種政策或時代風氣下的批評，皆可明見其多善用典故以「借古喻今」，實則是明代背景下多不能指名置喙。太祖以來對士人打壓甚深——「文字獄」、「廷杖」、「特務機關」，甚至是後來明成祖「方孝儒」一案，無疑是對士人思想上的桎梏與打擊。再者，成祖以後皇帝親信多為宦官，皇帝多不親近士人，胡氏活躍時期的明憲宗，又因重用太監汪直而為其成立「西廠」，無疑又是對士人們更進一步的壓制，且在這當中亦包含前論中「土木堡之變」、「奪門之變」、「于謙案」等一系列政治問題。故而，此時代背景下的胡居仁只能借以古喻今之論（亦包含政治制度上的策論），使上位者能有所自覺而能自體明覺「德」之本心，這才是胡居仁經世思想中最核心的要義與中心骨幹。所以也能在策論上發現，對胡氏來說，並沒有純粹完美的「制度」，但卻有完美的「推行者」（上位者），正如胡氏所言：「古今風氣淳漓不同，人事煩簡有異，其制度文為，不無隨時斟酌而損益之。若道之極乎天地，具於人心者，豈有異哉！」〔註5〕人事煩簡有異，但不變的是「具於人心者」，重要的還是上位者所具之「人心」，若使上位者德賢進備、安內於心，這些不斷衍伸的矛盾衝突也將不致越演越烈。胡氏往往以古法作為其經世思想中論世之法上的解決之道，實則他是以一個「理學家」所具備關注事態本質上的涵養，去看待這些社會問題，故而在胡氏的解決法門上往

〔註5〕（明）胡居仁撰、馮會明點校：《胡居仁文集·古今》（南昌：江西人民出版社，2013）卷五，頁65～66。

往蘊含著以「古之聖心為體，效以禮法為用」的根本核心，為的是要呼籲這些上位者，希望他們能從上做起，進而達到風行草偃的有德之教。而這種推己及人、甚至推至於帝王的成德精神，正是中國古代思想家在實踐哲學上的價值與歸宿。正如張岱年先生所言：「中國哲學在本質上是知行合一的。思想學說與生活實踐，融成一片。中國哲人研究宇宙人生的大問題，常從生活實踐出發，以反省自己的身心實踐為入手處；最後有歸於實際，將理論在實踐上加以驗證。即是，先在身心經驗上切己體察，而得到一種了悟；了悟所至，又驗之以實踐。要之，學說乃以生活行動為依歸。」〔註6〕胡居仁正是這種知行合一的純儒，其在這個多數學者只求獨善其身的「內聖」思想下，拓展其兼濟天下的「外王」思想；又在這個只知窮索心性的思潮下，借古喻今擴展其經世致用的策論，胡氏這些思想正是他對於理學思想之體證與實踐之核心價值。

〔註6〕張岱年著：《中國哲學大綱》（臺北：藍燈事業文化股份有限公司，1992），頁27～28。

參考文獻

一、胡居仁著述文獻

1. 〔明〕胡居仁撰，〔清〕張伯行著：《胡敬齋先生全集》（收入《正誼堂全書》清康熙張伯行編同治左宗棠增刊本）

2. 〔明〕胡居仁：《居業錄》（收入《百部叢刊集成》，據張伯行輯「正誼堂全書」影印），臺北：藝文印書館，1968。

3. 〔明〕胡居仁撰，王雲五主編：《居業錄》，上海：上海商務印書館，1936。

4. 〔明〕胡居仁撰：《胡敬齋集》（收入《叢書集成初編》），北京：中華書局，1985。

5. 〔明〕胡居仁撰，馮會明點校：《胡居仁文集》，南昌：江西人民出版社，2013。

二、古籍（以成書年代先後排序）

1. 〔戰國〕荀子撰，〔清〕王先謙集解：《荀子集解》，臺北：藝文印書館，1977。

2. 〔戰國〕荀子撰，李滌生著：《荀子》，臺北：學生書局，1991。

3. 〔劉宋〕范曄撰，（唐）李賢等注，（晉）司馬彪補志，楊家駱主編：《後漢書》，臺北：鼎文書局，1981。

4. 〔北齊〕顏之推撰，王利器集解：《顏氏家訓集解》，上海：上海古籍出版社，1980。

5. 〔宋〕薛居正等撰，楊家駱主編：《舊五代史》，臺北：鼎文書局，1981。

6. 〔宋〕周敦頤撰：《周濂溪先生全集》（收入正誼堂全書，清康熙張伯行編同治左宗棠增刊本）

7. 〔宋〕周敦頤撰：《周子全書》，臺北：廣學社印書館，1975。

8. 〔宋〕歐陽修撰，（宋）徐無黨注，楊家駱主編《新五代史》，臺北：鼎文書局，1980。

9. 〔宋〕張載撰：《張橫渠先生文集》（收入正誼堂全書，清康熙張伯行編同治左宗棠增刊本）

10. 〔宋〕張載撰，（明）王夫之注，楊家駱校編：《張子正蒙注》，臺北：世界書局，1962。

11. 〔宋〕張載撰，章錫琛點校：《張載集》，北京：中華書局，1978。

12. 〔宋〕張載撰：《張載集》，北京：中華書局，2006。

13. 〔宋〕司馬光編著，（元）胡三省註，標點資治通鑑小組校點：《資治通鑑》，北京：古籍出版社，1956。

14. 〔宋〕二程著，〔清〕張伯行訂：《二程語錄》（收入正誼堂全書，清康熙張伯行編同治左宗棠增刊本）

15. 〔宋〕程顥、程頤著，王孝魚點校：《二程集》，北京：中華書局，2004。

16. 〔宋〕朱熹撰：《點校四書章句集注》，北京：中華書局，1983。

17. 〔宋〕黎靖德編、王星賢點校：《朱子語類》，北京：中華書局，1986。

18. 〔宋〕朱熹撰，陳俊民校編：《朱子文集》，臺北：德富文教基金會出版，允晨文化總經銷，2000。

19. 〔宋〕朱熹撰，朱人傑等編：《朱子全書》，上海：上海古籍出版社，2002。

20. 〔宋〕朱熹撰：《四書章句集注》，北京：中華書局，2009。

21. 〔宋〕陸九淵撰，（明）王宗沐編，楊家駱校編：《陸象山全集》，臺北：世界書局，1990。

22. 〔宋〕陸九淵撰，鍾哲點校：《陸九淵集》，北京：中華書局，2008。

23. 〔宋〕陸九淵撰：《陸象山全集》，臺北：世界書局，2010。

24. 〔元〕脫脫等撰、楊家駱主編：《宋史》，臺北：鼎文書局，1980。

25. 〔明〕宋濂等撰、楊家駱主編：《元史》，臺北：鼎文書局，1981。

26. 〔明〕陳文、劉吉等修、中研院史語所校勘：《明實錄》，臺北：中央研究院歷史語言研究所，1966。

27. 〔明〕薛瑄撰:《薛子道論》(收入百陵學山,明隆慶王文祿輯刊百陵學山本)。

28. 〔明〕薛瑄撰:《讀書錄》(收入《景印文淵閣四庫全書》),臺北:商務印書館,1986。

29. 〔明〕薛瑄撰:《讀書續錄》(收入《景印文淵閣四庫全書》),臺北:商務印書館,1986。

30. 〔明〕羅欽順撰:《困知記》,臺北:廣學社印書館,1975。

31. 〔明〕羅欽順撰:《困知記》,臺北:中華書局,1990。

32. 〔明〕王守仁撰,(清)葉鈞注,王雲五校編:《傳習錄》,臺北:臺灣商務印書館,1965。

33. 〔明〕王陽明撰:《王陽明全集》,上海:上海古籍出版社,2006。

34. 〔明〕雷禮:《皇明大政記》,北京:北京大學出版社,1993。

35. 〔明〕魏煥:《皇明九邊考》,臺北:台灣商務印書館,1966。

36. 〔明〕申時行等修:《大明會典》,臺北:新文豐出版社,1976。

37. 〔明〕林堯俞等纂修、(明)俞汝楫等編撰:《禮部志稿》,臺北:臺灣商務印書館,1983。

38. 〔明〕陳子龍等選輯:《明經世文編》,北京:中華書局,1962。

39. 〔明〕黃宗羲撰:《明儒學案》,臺北:世界書局,2009。

40. 〔明〕黃宗羲撰:《宋元學案》,臺北:世界書局,1986。

41. 〔清〕顧炎武著:《日知錄》,臺北:文史哲出版社,1979。

42. 〔清〕谷應泰:《明史紀事本末》,臺北:三民書局,1969。

43. 〔清〕劉獻廷著,汪北平,夏志和標點:《廣陽雜記》,北京:中華書局,1957。

44. 〔清〕王懋竑撰,何忠禮點校:《朱熹年譜》,北京:中華書局,1998年。

45. 〔清〕張廷玉等撰,楊家駱主編:《明史》,臺北:鼎文書局,1980。

46. 〔清〕阮元審定,盧宣旬校:《重刊宋本十三經注疏附校勘記》(清嘉慶二十年南昌府學刊本),臺北:藝文印書館,1965。

47. 〔清〕王梓材,〔清〕馮雲濠輯:《宋元學案補遺》(收入四明叢書,張氏約園刊本)

三、近代著作（依姓氏筆畫排序）

1. 丁易：《明代特務政治》，臺北：天山出版社，1988。

2. 于志嘉：《明代軍戶世襲制度》，臺北：學生書局，1987。

3. 方立天：《中國古代哲學問題發展史上》，臺北：洪葉文化，1995。

4. 方立天：《中國古代哲學問題發展史下》，臺北：洪葉文化，1995。

5. 方東美：《新儒家哲學十八講》，臺北：黎明文化事業公司，1985。

6. 牛建強：《明代人口流動與社會變遷》，開封：河南大學出版社，1997。

7. 王邦雄：《中國哲學家與哲學專題》，臺北：空中大學，1989。

8. 王其榘：《明代內閣制度史》，北京：中華書局，1989。

9. 王毓銓：《明代的軍屯》，北京：中華書局，1965。

10. 王毓銓主編：《中國經濟通史：明代經濟卷》，北京：中國社會科學出版社，2007。

11. 古清美：《明代理學論文集》，臺北：大安出版社，1990。

12. 台大哲學系主編：《中國人性論》，臺北：東大圖書公司，1990。

13. 伍丹戈：《明代土地制度和賦役制度的發展》，福州：福建人民出版社，1982。

14. 成中英：《合內外之道：儒家哲學論》，臺北：康德出版社，2005。

15. 牟宗三：《中國哲學十九講》，臺北：臺灣學生書局，1999。

16. 牟宗三：《中國哲學的特質》，臺北：臺灣學生書局，1990。

17. 牟宗三：《心體與性體》（全三冊），臺北：正中書局，2005。

18. 牟宗三：《從陸象山到劉蕺山》，臺北：臺灣學生書局，2000。

19. 牟宗三：《現象與物自身》，臺北：臺灣學生書局，1990。

20. 牟復禮、崔瑞德編：《劍橋中國史（明代卷）》，北京：中國社會科學出版社，2007。

21. 余英時：《朱熹的歷史世界》（全二冊），臺北：允晨文化，2003。

22. 余英時：《宋明理學與政治文化》，臺北：允晨文化，2004。

23. 吳緝華：《明代制度史論叢上》，臺北：臺灣學生書局，1971。

24. 吳緝華：《明代制度史論叢下》，臺北：臺灣學生書局，1971。

25. 吳緝華：《明代社會經濟史論叢》，臺北：臺灣學生書局，1970。

26. 呂妙芬：《胡居仁與陳獻章》，臺北：文津出版社，1996。

27. 李日章：《宋明理學研究》，高雄：三信出版社，1979。

28. 李日章：《程顥・程頤》，台北：東大圖書公司，1986。

29. 李光璧：《明朝史略》，武漢：人民出版社，1957。

30. 李曉春：《宋代性二元論研究》，北京：中國社會科學出版社，2006。

31. 杜保瑞：《北宋儒學》，臺北：臺灣商務印書館，2005。

32. 周天令：《朱子道德哲學研究》，臺北：文津出版社，1999。

33. 金春峰：《朱熹哲學思想》，臺北：東大圖書公司，1998。

34. 侯外廬主編：《宋明理學史上》，北京：人民出版社，1997。

35. 侯外廬主編：《宋明理學史下》，北京：人民出版社，1997。

36. 姜允明：《王陽明與陳白沙》，臺北：五南出版社，2007。

37. 韋政通：《中國思想史》，臺北：水牛圖書出版事業有限公司，1991。

38. 韋慶遠：《明代黃冊制度》，北京：中華書局，1961。

39. 唐文基：《明代賦役制度史》，北京：中國社會科學出版社，1991。

40. 唐君毅：《中國哲學原論：原性篇》，臺北：臺灣學生書局，2006。

41. 唐君毅：《中國哲學原論：原教篇》，臺北：臺灣學生書局，2004。

42. 唐君毅：《中國哲學原論：原道篇》，臺北：臺灣學生書局，2004。

43. 唐君毅：《中國哲學原論：原道篇卷一》，臺北：臺灣學生書局，2004。

44. 唐君毅：《中國哲學原論：原道篇卷二》，臺北：臺灣學生書局，2008。

45. 唐君毅：《中國哲學原論：導論篇》，臺北：臺灣學生書局，2004。

46. 容肇祖：《明代思想史》，鄭州：河南人民出版社，2016。

47. 徐復觀：《中國人性論史》，臺北：臺灣商務印書館，1999。

48. 徐復觀：《中國思想史論集》，臺北：學生書局，1980。

49. 徐復觀：《中國思想史論集續編》，臺北：時報文化，1982。

50. 祖蘭舫：《朱子本體論與人生論》臺北：中央文物供應社，1978。

51. 祝平次：《朱子學與明初理學的發展》，臺北：學生書局，1994。

52. 袁爾鉅：《王夫之》，吉林：吉林文史出版社，1997。

53. 張立文：《宋明理學研究》北京：中國人民大學出版社，1985。

54. 張立文：《宋明理學邏輯結構的演化》，臺北：萬卷樓圖書公司，1993。

55. 張岱年：《中國哲學史大綱》，臺北：藍燈文化事業股份有限公司，1992。

56. 張哲郎：《明代巡撫研究》，臺北：國立編譯館，1995。

57. 張德信：《明朝典章制度》，長春：吉林文史出版社，2002。

58. 張學智《明代哲學史》，北京：中國人民大學出版社，2012。

59. 張顯清、林金樹主編：《明代政治史》，桂林：廣西師範大學出版社，2003。

60. 郭齊勇、馮達文：《新編中國哲學史上》，臺北：洪葉文化，2005。

61. 郭齊勇、馮達文：《新編中國哲學史下》，臺北：洪葉文化，2005。

62. 陳來：《中國近世思想史研究》，臺北：商務印書館，2003。

63. 陳來：《朱子書信編年考證》，北京：三聯書店，2007。

64. 陳來：《朱熹哲學研究》，臺北：文津出版社，1990。

65. 陳來：《宋元明哲學史教程》，北京：三聯書店，2010。

66. 陳來：《宋明理學》，臺北：洪葉文化，1994。

67. 陳來：《宋明儒學論》，北京：三聯書店，2008。

68. 陳榮捷：《朱學論集‧早期明代之程朱》，臺北：臺灣學生書局，1982。

69. 陳榮捷：《朱熹》，臺北：東大圖書公司，1990。

70. 陳榮捷：《宋明理學之概念與歷史》，臺北：中央研究院中國文哲研究所
    籌備處，1996。

71. 傅佩榮：《儒道天論發微》，臺北：學生書局，1985。

72. 勞思光：《新編中國哲學史》（全四冊），臺北：三民書局，1984。

73. 曾春海：《陸象山》，臺北：東大圖書公司，1988。

74. 曾春梅：《朱熹哲學論叢》，臺北：文津出版社，2001。

75. 馮友蘭：《中國哲學史新編》，北京：人民出版社，1998。

76. 馮會明：《胡居仁與餘干之研究》，成都：電子科技大學出版社，2014。

77. 馮耀明：《致知概念之分析：試論朱熹、王陽明致知論之要旨》，新加坡：
    新加坡大學，1986。

78. 黃秀璣：《張載》，臺北：東大圖書公司，1987。

79. 黃俊傑、林維杰：《東亞朱子學的同調與異趣‧明儒羅整菴的朱子學》，
    臺北：國立臺灣大學出版中心，2006。

80. 黃俊傑：《歷史知識與歷史思考‧第十二講：思想史的新視野》，臺北：
    台大出版中心，2003。

81. 楊自平：《明代學術論集》，臺北：萬卷樓圖書，2008。

82. 楊祖漢：《儒家的心學傳統》，臺北：文津出版社，1992。

83. 楊儒賓、祝平次：《儒學的氣論與工夫論》，臺北：臺灣大學出版中心，2005。

84. 楊儒賓：《中國古代思想中的氣論與身體觀》，臺北：巨流出版社，1997。

85. 楊儒賓主編：《朱子學的開展──東亞篇》，臺北：漢學研究中心，2002。

86. 熊十力：《新唯識論》，北京：中華書局，1999。

87. 熊琬：《宋代理學與佛學之探討》，臺北：文津出版社，1985。

88. 蒙培元：《中國心性論》，臺北：臺灣學生書局，1990。

89. 蒙培元：《理學的演變》，臺北：文津出版社，1990。

90. 劉述先：《朱子哲學思想的發展與完成》，臺北：臺灣學生書局，1995。

91. 劉述先：《黃宗羲心學的定位》，臺北：允晨叢刊，1986。

92. 蔡仁厚：《宋明理學》（北宋篇），臺北：學生書局，1977。

93. 蔡仁厚：《宋明理學》（南宋篇），臺北：學生書局，1977。

94. 蔣孝瑀：《明代的貴族莊田》，臺北：嘉新水泥公司文化基金會，1969。

95. 鄧克銘：《宋代理概念之開展》，臺北：文津出版社，1993。

96. 錢茂偉：《國家、科舉、社會：以明代為中心的考察》，北京：北京圖書館出版社，2004。

97. 錢穆：《中國近三百年學術史》，臺北：商務印書館，1957。

98. 錢穆：《朱子學提綱》，臺北：素書樓文教基金會，2000。

99. 錢穆：《宋明理學概述》，臺北：學生書局，1977。

100. 錢穆：《錢賓四先生全集》，臺北：聯經出版社，1995。

101. 謝貴安：《明實錄研究》，臺北：文津出版社，1995。

102. 鍾彩鈞：《明代程朱理學的演變》，臺北：中研院文哲所，2018。

103. 鍾彩鈞主編：《朱子學的開展──學術篇》，臺北：漢學研究中心，2002。

104. 龐萬里：《二程哲學體系》，北京：北京航空航天大學出版社，1992。

105. 饒宗頤：《近思錄》，香港：中華書局，2015。

106. 龔道運：《朱學論叢》，臺北：文史哲出版社，1985。

四、學位論文（依姓氏筆畫排序）

（一）博士論文

1. 王大德：《朱陸異同──以「心與理」、「心與物」兩個向度為主軸所作之

探討》，臺北：中國文化大學哲學研究所博士論文，2001 年。

2. 田炳述：《從理學到心學之發展看王陽明心學的特色》，臺北：中國文化大學哲研博士論文，1995 年。

3. 崔知泰：《由朱熹形上結構解析其心性論》，新北：輔仁大學哲學研究所博士論文，1991 年。

4. 梁承武：《朱子哲學思想之發展及其成就》，臺北：臺灣師範大學國文研究所博士論文，1984 年。

5. 陳一峰：《宋明理學中氣觀念之反省與釐清》，臺北：中國文化大學哲學研究所博士論文，1998 年。

6. 黃瑩暖：《朱子所理解的佛教思想──以心性意涵與修持工夫為討論中心》，臺北：臺灣師範大學國文研究所博士論文，2001 年。

7. 楊斐芬：《朱子成德之學研究》，新北：輔仁大學哲學研究所博士論文，1999 年。

8. 劉振仁：《明代衛所制度研究》，臺北：政治大學政治學研究所博士論文，1999 年。

9. 鄭相峰：《朱子心論研究》，臺北：臺灣大學哲學研究所博士論文，1994 年。

10. 簡宗修：《朱子的理氣說》，臺北：臺灣大學中文研究所博士論文，1982 年。

（二）碩士論文

1. 元鍾實：《朱熹之心性論》，臺北：政治大學中文研究所碩士論文，1987 年。

2. 尤貞茵：《朱子哲學之理氣關係研究》，臺北：臺灣師範大學中文研所碩士論文，2011。

3. 方鐘鋒：《明代陝北防衛體系與邊餉供應之研究》，臺南：成功大學歷史學研究所碩士論文，2003 年。

4. 王惠雯：《朱熹心與理一思想之研究》，新北：輔仁大學哲學研究所碩士論文，1992 年。

5. 王瀰穰：《朱子哲學之天人關係及其工夫論》，臺北：臺灣師範大學中文研究所碩士論文，2008 年。

6. 白百伶：《宋元之際朱陸異同論》，臺北：中國文化大學中文研究所碩士論文，2004 年。

7. 朱聖平：《胡敬齋哲學思想研究》，江西：南昌大學碩士論文，2008 年。

8. 江豐兆：《國之元氣：明代經世思想中保富論述的開展與衍變》，臺北：東吳大學歷史學研究所碩士論文，2014 年。

9. 李相勳：《朱子心性思想之研究》，臺中：東海大學哲學研究所碩士論文，1989 年。

10. 林浩德：《陸象山心學研究》，新北：輔仁大學哲學研究所碩士論文，1985 年。

11. 柯志明：《朱熹主體理論之研究》，桃園：中央大學哲學研究所碩士論文，1991 年。

12. 孫蓮玲：《薛瑄理學思想之研究》，臺北：中國文化大學中文研究所碩士論文，1996 年。

13. 徐銘謙：《曹端理學思想研究》，桃園：銘傳大學中文研究所碩士論文，2007 年。

14. 張娜：《明代逃軍問題研究》，西寧：青海師範大學碩士論文，2009 年。

15. 張純寧：《明代徽州散件賣契之研究——兼論土地所有權的變化》，臺南：成功大學歷史學研究所碩士倫文，2003 年。

16. 張莞苓：《朱熹哲學中「心」的意涵研究——對牟宗三論斷之駁議》，臺北：臺灣師範大學中文研究所碩士論文，2011 年。

17. 張瑞賓：《明洪武朝北邊衛所的軍糧問題及其因應》，臺北：師範大學歷史學研究所碩士論文，2016 年。

18. 許益銘：《軍事與社會:晚明山西邊防體系與地方控制》，南投：暨南大學歷史學研究所碩士論文，2010 年。

19. 陳憲中：《宋明儒「以心著性」之哲學意義研究》，桃園：中央大學中文研究所碩士論文，2009 年。

20. 黃麗婭：《胡居仁居敬工夫論研究》，湖南：湘潭大學碩士論文，2009 年。

21. 劉思妤：《薛瑄的主敬工夫論》，新竹：清華大學中文研究所碩士論文，2015 年。

22. 鄭自誠：《明代前期理學思潮研究》，臺北：臺灣大學中文研究所碩士論

文，1996 年。

23. 錢仲安：《明代嘉靖年間山西大同鎮五堡兵變的研究》，臺北：東吳大學歷史研究所碩士論文，2019 年。

24. 謝忠志：《明代兵備道制度》，臺北：中國文化大學史學研究所碩士論文，2000 年。

五、期刊論文（依姓氏筆畫排序）

1. 于志嘉：〈明代軍制史研究的回顧與展望〉，《民國以來國史研究的回顧與展望研討會論文集（上冊）》，臺北：國立臺灣大學歷史學系，1992 年。

2. 于志嘉：〈明清時代軍戶的家庭關係——衛所軍戶與原籍軍戶之間〉，《中央研究院歷史語言研究所集刊》，2003 年 3 月。

3. 于志嘉：〈試論明代衛軍原籍與衛所分配的關係〉，《中央研究院歷史語言研究所集刊》1989 年 6 月。

4. 王開府：〈思想研究法綜論——以中國哲學為例〉，《國文學報》，第 27 期，1998 年 6 月。

5. 何志玉：〈明代衛所、屯田制與貴州地方經濟發展：基於發展經濟學的視角〉，《貴州財經學院學報》，第 1 期，2011 年 1 月。

6. 吳展良：〈朱子世界體系的基本特質〉，《台大文史哲學報》，第 68 期，2008 年 5 月。

7. 宋邦珍：〈二程「敬」的工夫論〉，《孔孟月刊》，第 39 卷第 11 期（總號 467），2001 年 7 月。

8. 李景林：〈論大學以修身為本的心物關係學說〉，《孔孟學報》，第 74 期，1997 年 9 月。

9. 李渡：〈明代募兵制簡論〉，《文史哲》，第 2 期，1986 年。

10. 杜保瑞：〈朱熹工夫理論〉，第十四屆國際中國哲學會議，澳洲雪梨新南威爾斯大學，2005 年 7 月 13 至 7 月 19 日。

11. 林正三：〈朱子的格物致知說〉，《德明學報》，第 12 期 1998 年 3 月。

12. 林安梧：〈知識與道德之辯證性結構——對朱子學的一些檢討〉，《思與言》，第 22 卷第 4 期，1984 年 11 月。

13. 林延清：〈論明代中期京畿地區莊田的膨脹和清理〉，《歷史檔案》，2000 年 3 月。

14. 林延清：〈論明代兵變的經濟原因和歷史作用〉，《明史研究論叢》，第 4 輯，1991 年。

15. 林維杰：〈朱陸異同的詮釋學轉向〉，《中國文哲研究集刊》，第 31 期，2007 年 9 月。

16. 林維杰：〈萬物之理與文章之理：朱熹哲學形上學與詮釋學的關聯〉，《揭諦》，第 4 期，2002 年 7 月。

17. 邱仲麟：〈採集、捕獵與墾種：明代軍民在北邊境外的經濟活動〉，《明代研究》，第 19 期，2012 年 12 月。

18. 金基柱：〈天道性命相貫通思想在宋明儒學的展開〉，《鵝湖月刊》第 30 卷第 1 期（總號 349）。

19. 南炳文：〈明初軍制初探（續）〉，《南開史學》，天津：南開史學編輯委員會，第 2 期，1983 年。

20. 南炳文：〈明初軍制初探〉，《南開史學》，天津：南開史學編輯委員會，第 1 期，1983 年。

21. 胡湘桂、仇建鳴：〈論明代田賦制度的改革〉，《揚州大學稅務學院院報》，第 1 期，2000 年。

22. 范中義：〈論明朝軍制的演變〉，《中國史研究》，第 2 期，1998 年 2 月。

23. 韋政通：〈朱子論「經」、「權」〉，《史學評論：朱子思想研究專號》，第 5 期，1983 年 1 月。

24. 唐經欽：〈朱子之天道思想〉，《德明學報》，第 23 期，2004 年 6 月。

25. 孫媛貞：〈明代屯田制研究〉，《食貨半月刊》，第 3 卷第 2 期，1935 年。

26. 徐公喜：〈李紱與《朱子晚年全論》〉，《上饒師專學報》，第 19 卷第 5 期 1999 年 10 月。

27. 袁信愛：〈朱熹理氣論中的人學思想〉，《哲學與文化》，1996 年 5 月。

28. 高煜程：〈試探明代理學前期「朱學陸學化」的發展與原因——從曹月川到陳獻章〉，《第八屆政大哲學系研究生論文集》，2005 年 6 月。

29. 高瑋謙：〈唐君毅先生論「德性之知」與「知識之知」的關係之檢討〉，《鵝湖月刊》，第 27 卷第 4 期，2001 年 10 月。

30. 張永儁：〈清代朱子學的歷史處境及其發展〉，《哲學與文化》，第 28 卷第 7 期，2001 年 7 月。

31. 張恭銘：〈朱陸論辯〉，《國立編譯館館刊》，第 26 卷第 2 期，1997 年 12 月。

32. 張錫綸：〈明代戶口逃亡與田土荒廢舉例〉，《食貨半月刊》，第 3 卷第 2 期，1935 年 12 月。

33. 張灝：〈宋明以來儒家經世思想試釋〉，《近世中國經世思想研討會論文集》，1984 年 4 月。

34. 許賢瑤：〈明代的勾軍〉，《明史研究專刊》，第 6 期，1983 年。

35. 陳文石：〈明代衛所的軍〉，《中央研究院歷史語言研究所集刊》，1977 年 12 月。

36. 陳立驤：〈牟宗三宋明儒學三系說的省察——從三系說到兩型四系說〉，《鵝湖月刊》，第 26 卷第 3 期（總號 303），2000 年 9 月。

37. 陳榮捷：〈宋明理學中的「格物」思想〉，《史學評論：朱子思想研究專號》，第 5 期，1983 年 1 月。

38. 黃克武：〈經世文編與中國近代經世思想研究〉，《近代中國史研究通訊》，1986 年 2 月。

39. 楊祖漢：〈朱陸論爭的主要問題及其會通〉，《歷史月刊》，第 138 期，1999 年 7 月。

40. 楊祖漢：〈程朱、陸王二系的會通〉，《當代儒學研究》，第 24 期，2018 年 6 月。

41. 楊儒賓：〈朱子格物補傳所衍生的問題〉，《史學評論：朱子思想研究專號》，第 5 期，1983 年 1 月。

42. 楊儒賓：〈戰後臺灣的朱子學研究〉，《漢學研究通訊》，第 19 卷第 4 期，2000 年 11 月。

43. 楊儒賓：〈檢證氣學——理學史奈洛下的觀點〉，《漢學研究》，第 25 卷第 1 期，2007 年 6 月。

44. 溫帶維：〈論朱子宇宙論中惡之可能〉，《哲學與文化》，第 26 卷第 7 期，1999 年 7 月。

45. 萬國鼎：〈明代屯田考〉，《金陵學報》，第 2 卷第 2 期，1932 年 2 月。

46. 賈忠婷：〈朱熹透過孟子所闡述的心性情三分之義理內涵〉，《鵝湖月刊》，第 29 卷第 5 期（總號 341），2003 年 11 月。

47. 趙艷霞：〈明代軍屯及其私有化〉，《長治學院學報》，第 24 卷第 4 期，2007 年 8 月。

48. 劉述先：〈朱熹的思想究竟是一元論或是二元論〉，《中國文哲研究集刊》，第 1 期，1991 年 3 月。

49. 蔡仁厚：〈朱子性理系統形成的關鍵與過程〉，《哲學與文化》，第 28 卷第 7 期，2001 年 7 月。

50. 蔣武雄：〈論明代之重農政策〉，《中華文化復興月刊》，第 20 卷第 8 期，1987 年 8 月。

51. 鄧克銘：〈羅欽順「理氣為一物」說之理論效果〉，《漢學研究》，第 19 卷第 2 期，2001 年 12 月。

52. 鍾彩鈞：〈羅整菴的心性論與工夫論〉，《鵝湖學誌》，第 17 期，1996 年 12 月。

53. 鍾彩鈞：〈羅整菴的理氣論〉，《中國文哲研究集刊》，第 6 期，2005 年 3 月。

54. 韓大成：〈明代官紳地主控制下的佃戶〉，《明史研究論叢》，第 3 輯，1985 年。

55. 蘇新紅：〈明代內庫的皇室財政專屬化演變〉，《明代研究》，第 24 期，2015 年 6 月。

56. 欒成顯：〈明初地主積累兼併土地途徑初探——以謝能靜戶為例〉，《中國史研究》，第 3 期，1990 年。

57. （日）清水泰次著、方紀生譯：〈明代軍屯之崩壞〉，《食貨半月刊》，第 4 卷第 10 期，1936 年。